탄탄한 기본기로 실수를 없애는

자산운용사 펀드회계 실무가이드

탄탄한 기본기로 실수를 없애는

자산운용사 펀드회계 실무가이드

최 영

일과 시간대로
정리한
알기 쉬운 구성

신뢰와 정확도
높은 기초와
성공 마감

현직 실무자의
생생한
꿀팁과 노하우

밥북
B·OB·K

머 리 말

사모펀드 펀드회계 담당자의 하루,
펀드회계를 시작하는 이들에게

펀드회계, 즉 투자운용본부에서 펀드의 운용을 돕는 운용지원 담당자가 하는 일은 세밀한 손길과 철저한 책임감이 요구되는 분야입니다. 수많은 숫자와 자본시장의 법과 규정을 마주하며 하루를 보내는 이 역할은 겉으로 보기엔 단조로워 보일 수 있지만, 그 안에는 성공적인 펀드 운용을 뒷받침하는 중요한 과정들이 숨어 있습니다.

이 책은 펀드회계를 처음 접하는 이들에게 기초 실무의 생생한 모습과 하루의 구성을 통해 운용지원 펀드회계 담당자들이 하는 업무의 중요성을 알리고자 합니다. 특히, 업무 중심적이 아닌, 펀드회계 담당자의 하루를 시간대별 중심으로 이야기를 해보고자 합니다.

아침의 시작과 함께 주식 매매를 준비하고, 채권 매매를 위한 자금을 체크하고, 펀드의 기준가를 점검하는데, 무엇보다도 그날의 마감 업무를 성공적으로 완료하는 것을 목표로 내용을 구성하였습니다.

마감 업무는 펀드회계 업무의 핵심이라 할 수 있습니다. 오늘 펀드와 자금의 마감을 무사히 끝낸다면, 그 자체로 90%는 완성된 셈입니다.

이와 함께, 신생 운용사나 자산운용사에서 펀드회계를 처음 시작하는 신입사원들에게 꼭 필요한 기초적인 내용을 담아보고자 노력했습니다. 실무 경험이 부족한 상황에서 하루하루 맡은 일을 차근차근 해결해 나갈 수 있는 실무 지침을 제공하고자 합니다. 고난도의 업무나 복잡한 상황은 차차 배워 나가도 늦지 않습니다. 중요한 것은 오늘 하루 펀드회계 마감까지 잘 끝내고, 펀드회계의 기본을 탄탄히 다지는 것입니다.

제가 처음 펀드관리 업무를 시작할 때에는 시중에 펀드관리에 관한 책이나 실무 가이드가 없었으므로 직접 실무를 쌓으며 겪은 어려움과 시행착오들을 기록하게 되었습니다. 훗날 저와 같은 길을 걷는 분들에게 조금이나마 도움이 되기를 바라는 마음입니다.

이 책이 펀드관리 직무를 꿈꾸는 이들에게 실무적으로 다가갈 수 있는 가이드가 되기를 바랍니다. 펀드관리의 기초적인 시각을 가진다면 응용된 업무의 어려움 속에서도 조금 더 수월하게 길을 찾을 수 있을 것입니다.

또한, 일반사모펀드 펀드관리 직무를 희망하신다면, 금융투자협회에서 실시하는 '운용지원'과 '펀드회계' 관련 교육, 그리고 '펀드상품의 구조 이해' 교육을 적극 추천드립니다. 큰 그림을 이해하는 데 큰 도움이 될 것입니다. 이 강의 덕분에 저는 처음으로 펀드에 재미를 느낄 수 있었습니다.

이 책을 완성하는 여정에서 끊임없이 가장 많은 격려와 동기를 주신 넥서스자산운용의 김명현 대표님께 진심으로 깊은 감사를 드립니다. 또한, 제가 일반사모펀드 펀드관리 업무를 맡게 되었을 때 아낌없는 조언과 도움을 주신 KB증권의 이명한 팀장님과 한국펀드서비스의 정상욱 본부장님께도 따뜻한 감사의 마음을 전합니다.

무엇보다 언제나 제 곁에서 묵묵히 힘이 되어준 든든한 응원자, 김태환 군에게도 진심으로 고마움을 전합니다.

이 책이 누군가에게는 펀드관리 실무의 막막함을 헤쳐 나가는 작은 길잡이가 되길 희망합니다.

2025년을 맞이하며
최영

목
차

1장

자산운용사 펀드회계
담당자의 하루 일과

운용지원 펀드회계 담당자의 하루: 작은 노력들이 모여 만드는 큰 그림

펀드회계와 운용지원 업무를 맡으신 여러분! 반갑습니다. 모든 일이 그렇듯 이 업무 역시도 처음엔 생소하고 복잡하게 느껴질 수 있지만, 차근차근 하나씩 해나가다 보면 재미를 느끼게 될 거예요. 오늘 하루 동안 제가 하는 일을 예로 들어 드릴게요. 이 일은 숫자와 세부 작업들이 모여 큰 결과를 만드는 과정이에요. '아, 이런 흐름으로 돌아가는구나!' 하고 들어봐 주세요.

`07:30 AM` 하루의 시작, 기준가 확인부터!

7시 30분. 여의도의 아침은 조금 일찍 시작돼요. 커피 한 잔을 손에 들고 사무실에 도착하면 제일 먼저 하는 일은 기준가 확인이에요. 기준가는 펀드 가치를 보여주는 중요한 숫자거든요. '펀드가 오늘도 제대로 굴러가고 있나?'라는 질문을 던지며 꼼꼼히 점검합니다. 그런데 만약 기준가격에 오류*가 있다면? 당황하지 말고 차근차근 해결하면 돼요. 중요한 건 빠르게 문제를 확인하고, 해결책을 찾는 것이에요.

기준가를 확인한 뒤에는 그날의 주식 매매 준비에 들어가요. 매수·매도할 종목과 데이터를 점검하고, IPO 상장 종목이 있다면 예탁결제원 시스템을 통해 입고 여부를 확인합니다. 혹시 자동 입고가 안 되는 증권사가 있다면, '오늘은 방문 출고구나' 하고 직접 가서 처리해야 해요. 출고 서류를 준비하고, 증권사에서 업무를 마칠 때까지는 꼼꼼함이 필수랍니다.

---

* 먼저, 오류의 원인을 살펴보세요. 데이터를 다시 점검하며 무엇이 잘못되었는지 찾아내는 게 첫 단계입니다. 사무수탁사와 바로 연락해 상황을 공유하고, 논의를 통해 해결책을 도출해야 해요. 오류가 수정되면, 기준가격을 재작업해야 하는데요, 이 과정에서는 공문 발송과 예탁결제원에 재업로드까지 진행해야 하니 시간을 놓치지 않는 게 중요해요. 당일에 수정하는 것이 가장 좋습니다.

09:00 AM 주식 매매와 RP 매매, 숫자에 생명을 불어넣는 시간

오늘은 상장하는 공모주식이 있어 매매가 있는 날이에요. 드디어 주식시장이 열리는 9시! '딱 한 번뿐인 기회!'라는 생각에 손바닥이 땀으로 촉촉해지네요. '오늘 주식을 잘 팔면 펀드 수익률이 올라가고, 기준가도 올라가겠지?' 이런 생각이 머릿속을 스치는 순간, 심장이 두 배는 빨리 뛰는 것 같아요.

장 초반 10분. 아니, 5분. 이 시간이 가장 떨려요. 분명 시계는 1분만 흘렀는데 체감 시간은 10분. 최대한 침착함을 유지하려고 노력하지만, 모니터에 출렁이는 주식 차트를 보는 순간 온 신경이 집중됩니다.

이때 운용역과의 호흡도 중요해요. 운용역의 운용지시에 따라 매도의 타이밍을 맞추려면 호흡이 찰떡처럼 딱 맞아야 하거든요. 한마디로 이 순간은 운용지원의 진가가 발휘되는 때예요.

그리고 운용역의 매도 지시가 떨어지는 순간! 매도 버튼을 '클릭!' 고점에 가까운 매도가 이루어졌습니다.

오늘 하루는 기분 좋게 시작할 수 있을 것 같아요. 주식도 잘 팔았고, 펀드 기준가도 오를 거고, 마음 한편 뿌듯함이 차오릅니다. 이런 날은 커피도 평소보다 달달하게 느껴지고, 작은 일에도 기분이 좋아져요. 상장 당일의 이 짜릿한 순간. 매번 긴장되고 떨리지만, 그래서 더 특별하게 느껴지는 것 같아요. 오늘도 펀드를 위해 한 걸음 더 성장한 나 자신을 칭찬하며, 커피 한 잔의 여유를 가져봅니다.

참, 펀드가 여러 개일 경우 매매 전에 수량을 두세 번 꼭꼭 확인하는 것도 잊지 마세요!

하지만 여기서 끝은 아니에요. 다음 단계는 RP(환매조건부채권) 매매입니다. RP 매매는 펀드 여유 자금을 은행 예금보다 더 높은 금리로 운용할 수 있는 좋은 방법이에요. 운용역과 상의해 금액과 조건을 정하고, 자금중개회사에 매매 지시를 내리면 하나의 작업이 완료됩니다.

RP 매매를 할 때마다 느껴요. 단순히 숫자를 다루는 일이 아니라, 투자자들의 신뢰와 편드의 성과를 위해 내가 기여하고 있다는 자부심을요. 이런 작은 작업들이 쌓여서 펀드 운용이 안정적으로 이루어진다는 생각이 들면 더 열심히 하게 돼요.

02:00 PM 거래 점검, 꼼꼼함이 중요한 순간

점심 후에는 다시 집중력을 끌어올려야 할 시간이 와요. 오후 2시, 이제는 보다 정밀한 작업에 들어갑니다. 특히 Repo(환매조건부채권) 거래명세서를 점검할 때는 집중해야 해요. 숫자 하나라도 틀리면 안 되니까 거래 조건과 데이터를 꼼꼼히 확인해요. 모든 게 맞는지 점검한 후에는 예탁결제원(E-SAFE) 시스템을 통해 거래를 승인하고, 펀드 원장에 기록합니다. 이 작업을 무사히 끝내고 나면 살짝 마음이 놓이면서 '오늘도 잘하고 있구나' 싶어요.

04:00 PM 마감 업무, 하루의 하이라이트

오후 4시가 되면 하루 업무의 가장 중요한 업무, 마감 업무가 시작됩니다. 펀드회계에서 마감은 하루 동안의 모든 거래와 자산 상태를 정리하고 확인하는 가장 중요한 작업이에요. 오늘 마감한 자료들이 다음날 펀드의 기준가격에 반영되기 때문이에요.

4시 10분쯤 시작되는 주식 매매 마감에서는 그날의 매매 결과를 정리하고, 수익과 비용이 제대로 기록되었는지 확인해요. 마감 때마다 느끼는 건, 작은 실수가 큰 영향을 미칠 수 있다는 거예요. 그래서 늘 차분하고 꼼꼼하게 작업하려고 노력합니다.

주식 마감이 끝나면 펀드의 현금잔고(은대)를 마감해요. 수탁은행과 잔액을 대조하면서, 모든 금액이 일치하는지 체크하죠. 모든 게 딱 맞아떨어질 때 느껴지는 그 쾌감은 정말 이루 말할 수 없답니다.

05:00 PM 하루의 완성: 예탁원 총괄 마감

오후 5시부터는 예탁결제원(E-SAFE) 시스템에서 총괄 마감을 진행합니다. 하루 동안의 모든 거래와 잔액을 최종적으로 점검하며, 혹시 놓친 건 없는지 확인해요.

미처리된 업무가 없는 걸 확인하고 나면 하루가 마무리됩니다. '오늘 하루도 무사히 끝났다'는 안도감과 함께 '내일도 잘 해보자'는 다짐을 하게 돼요.

05:30 PM 하루를 정리하며 하는 생각

펀드회계와 운용지원은 단순히 숫자를 다루는 일이 아니에요. 우리가 맞춘 작은 조각들이 모여서 투자자들의 신뢰를 만들고, 펀드를 굴리는 큰 그림을 완성하죠.

처음에는 용어도 생소하고 업무가 복잡하고 어렵게 느껴질 수도 있지만, 하나씩 하다 보면 어느 순간 익숙해지고, 이 일이 참 보람 있다는 걸 느끼게 될 거예요. 그리고 가장 중요한 건, 당신 스스로 이 일을 잘해낼 수 있을 거라는 믿음이에요.

자, 이제 앞에서 이야기한 하루 업무들을 해나가기 위한 실무 내용을 다음 장에서부터 차례차례 소개해 보겠습니다. 이 책을 읽어나가다 보면 어느 정도 감을 잡을 수 있을 거라 생각합니다.

2장

펀드와 용어의
이해

앞에서 하루 일과와 다양한 업무들을 쭉 살펴봤죠? 그런데 한 가지 중요한 점을 짚고 넘어가야 해요. 이 모든 업무를 제대로 이해하고 수행하려면, 먼저 금융투자업에서 자주 사용하는 용어를 알아야 한다는 사실!

금융투자업은 말 그대로 전문 용어의 집합체라고 해도 과언이 아니에요. 처음 접하면 마치 외국어를 배우는 기분이 들 수 있죠. '아니, 무슨 말을 이렇게 어렵게 해?' 싶기도 하고요. 하지만 차근차근 배우다 보면, 이 용어들이 단순히 복잡한 말이 아니라, 실무에서 중요한 역할을 하는 단어라는 걸 알게 될 거예요.

그래서 이 책에서는 금융 실무에서 쓰이는 용어를 하나씩 소개해 보려고 해요. 이게 그냥 말뜻을 외우는 게 아니라, 실무에서는 어떤 일을 나타내고, 어떤 역할을 하는지를 연결해서 설명할 거예요. 그러면 실제 업무를 할 때 더 쉽게 이해할 수 있겠죠?

금융투자업의 언어를 배우는 건 마치 새로운 세계를 탐험하는 것과 비슷해요. 처음엔 낯설고 복잡하게 느껴지겠지만, 이 용어들이 익숙해지면 실무가 훨씬 매끄럽게 느껴질 거예요. 마치 처음엔 어리둥절했던 퍼즐 조각이 하나씩 맞춰지는 것처럼요.

자, 이제 금융투자업의 언어를 배우는 첫걸음을 함께 내디뎌 봅시다. 어렵지 않아요. 우리가 함께하면, 어느새 그 언어가 여러분의 것이 되어 있을 거예요. 준비되셨죠? 그럼 시작해볼까요?

1. 사모펀드 이해하기

* 집합투자기구(펀드)란?

집합투자기구(펀드)란, 자금을 모은다는 의미로 2인 이상의 투자자로부터 모은 자금을 일상적인 운용지시를 받지 않으면서 재산적 가치가 있는 투자대상 자산을 취득/처분, 그 밖의 방법으로 운용하고 그 결과를 투자자에게 배분하여 귀속시키는 것입니다.

쉽게 말해, 투자자로부터 모은 돈을 주식/채권/부동산 등에 투자하여 이익을 남겨 투자자들에게 다시 나눠주는 것입니다.

그렇다면 왜, 집합투자를 할까요? 첫째로, 거액의 자산을 투자할 수 있고, 둘째로, 분산투자가 가능하며, 셋째로, 전문가에 의한 투자가 가능하다(항공, 인프라, 부동산 등)는 점 때문입니다. 이렇게 세 가지 정도의 장점이 있습니다.

* 사모펀드란?

두 가지 의미가 있다고 봅니다. 첫째, 시장에 유통되는 증권, 주식이 아닌 자산을 주로 담는다는 의미와 둘째, 사모(비공개)로 투자자를 모집하여 펀딩(돈을 모은다)한다는 의미가 있습니다.

우리나라 사모펀드 시장은 크게 기관전용 사모펀드 VS 일반사모펀드로 나눌 수 있습니다. 이 책에서는 일반사모펀드에 해당하는 내용을 살펴보겠습니다.

* 집합투자기구의 법적 형태에 따른 종류

투자신탁	신탁업자가 집합투자업자로부터 위탁받아 운용하는 수익증권
투자회사	상법상 주식회사 형태
투자유한회사	상법상 유한회사 형태
투자합자회사	상법상 합자회사 형태
투자조합	민법상 조합 형태
투자익명조합	상법익 익명조합 형태
사모투자전문회사	투자합자회사(지분증권을 사모로만 발행 - PEF)

집합투자기구는 그 법적 형태에 따라 여러 가지 종류로 나뉘지만, 자산운용사에서 가장 많이 사용하는 형태는 투자신탁입니다.

2. 사모펀드 펀드관리란?

펀드를 만들고(펀드 설정), 만들어진 펀드를 사후 관리하는 일을 합니다. 주로 펀드의 회계를 담당하고, 자산의 매수/매도를 위한 운용지시를 합니다.

그렇다면, 공모펀드와 사모펀드의 차이점을 간략히 알아볼까요?

* 공모펀드 VS 사모펀드 비교

공모펀드와 사모펀드는 자금을 모집하는 방식과 투자자 구성에서 차이가 있습니다.

공모펀드는 불특정 다수의 투자자를 대상으로 자금을 모집하는 펀드입니다. 이에 반해 사모펀드는 소수의 투자자를 대상으로 자금을 모집하는 펀드입니다. 일반 투자자는 49인 이하까지만 청약 권유를 할 수 있으며, 전문·기관 투자자 청약권유자 수 산정에서 제외됩니다. 투자자 수는 100인 이하(일반투자자는 49인 이하)로 제한됩니다.

따라서, 투자자 수(수익자 수)의 관리가 필요합니다. 이 내용은 뒷장 6장 주기별(월) 업무의 '5. 수익자 수(100인 이하) 관리'에서 자세히 살펴보도록 합니다.

* 유관기관 업무관계도

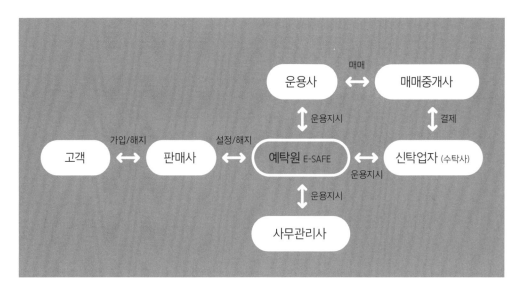

3. 운용지원 펀드회계 담당자는 어떤 일을 할까?

운용지원 펀드회계는 펀드의 설정(설립) 및 해지(청산) 업무를 담당하고, 설정된 펀드를 운용하는 데 주문(매매), 운용지시 및 위험 관리 등 펀드를 관리하는 실무 전반을 담당합니다.

* 펀드 설정을 위한 관계사 계약체결

펀드 설정이란, 펀드를 만든다는 의미예요.

펀드를 만들기 위해서는 관계사와 각각의 계약서를 체결해야 해요.

- 판매사: 위탁판매 계약서, 세부업무 협약서 체결
- 신탁사: 전담중개업무 계약서, 신탁 계약서 체결
- 사무수탁사: 일반사무관리 계약 체결
- 수탁은행: 직수탁의 경우 수탁계약 체결, 재위탁할 경우 신탁업자와 수탁은행이 계약을 체결하고 단위위탁계약서를 운용사가 수령

* 기 설정된 펀드의 관리

만들어놓은 펀드를 관리하는 업무예요. 펀드가 하나일 때는 관리가 수월하지만 3개, 5개, 10개 늘어날 때마다 펀드 관리 업무는 매우 중요하고 많은 주의와 노력이 필요합니다.

- 펀드 매수/매도 승인: 추가 설정금이 들어오면 승인하고,
  일부 또는 전부 환매(해지) 신청분을 승인
- 펀드 운용을 위한 자산의 매수/매도
- 펀드 운용 수익을 결산하여 이익배분(재투자 또는 배당)
- 보수(수수료) 지급: 신탁계약서에 명시된 주기에 따라 지급
- 기준가격 산정/확인

4. 신탁계약서를 통한 기초 용어 이해하기

신탁계약서, 또는 집합투자규약이라고도 부르는데요, 이건 간단히 말해 펀드의 계약서예요. 운용사(집합투자업자)와 신탁업자 간에 체결하는 문서로, 펀드 운용의 모든 기본적인 사항이 여기에 담겨 있어요.

예를 들면, 펀드의 특성이나 운용전략, 설정과 해지 방법, 이익의 분배 방식 등 펀드 운용에 필요한 중요한 항목들이 신탁계약서에 정리되어 있답니다.

그래서 운용지원 담당자에게 신탁계약서를 꼼꼼히 살펴보는 건 정말 중요해요. 왜냐하면, 펀드마다 내용이 다를 수 있거든요. 어떤 펀드는 매월 이익을 분배하도록 되어 있을 수도 있고, 또 다른 펀드는 특정 조건에 따라 해지 시점이 달라질 수도 있어요. 이런 디테일한 부분을 놓치지 않는 것이 업무의 핵심이에요.

또 여기에는 용어의 정의를 포함하고 있어요. 자, 이제 신탁계약서를 통해 펀드와 관련된 용어를 하나씩 살펴보겠습니다. 어렵지 않으니 걱정 말고 따라와 보세요.

펀드와 용어의 이해

공모주 펀드의 신탁계약서 예시

제00조(용어의 정의)

이 신탁계약에서 사용하는 용어의 정의는 다음 각 호와 같다. 다만, 각 호에서 정하지 아니하는 용어에 관하여는 관련법령 및 규정에서 정하는 바에 의한다.

1. **수익자**라 함은 이 투자신탁의 수익증권을 보유하는 자를 말합니다.

→ 즉 수익자란 펀드에 투자한 투자자를 말하는 것입니다.

2. **판매회사**라 함은 이 투자신탁의 수익증권을 판매하는 투자매매업자 또는 투자중개업자를 말합니다.

→ 보통 증권사에서 판매사 업무를 많이 맡습니다.

3. **영업일**이라 함은 한국거래소의 개장일을 말합니다.

→ 영업일의 기준도 중요하니 체크해 주세요.

4. **투자신탁**이라 함은 집합투자업자인 위탁자가 신탁업자에게 신탁한 재산을 신탁업자로 하여금 그 집합투자업자의 지시에 따라 투자·운용하게 하는 신탁 형태의 집합투자기구를 말합니다.

→ 운용사에서 가장 많이 사용하는 형태의 종류에요.

5. **개방형**이라 함은 환매가 가능한 집합투자기구를 말합니다.

→ 수익자가 원할 때 환매가 가능한 펀드에요. 반대로는 '폐쇄형' 펀드가 있습니다.

6. **추가형**이라 함은 추가로 자금납입이 가능한 집합투자기구를 말합니다.

→ 동일 또는 다른 수익자가 추가로 펀드에 가입이 가능한 펀드예요.

7. **혼합자산형**이라 함은 집합투자재산을 운용함에 있어서 투자대상자산 등에 대한 투자 비율에 제한을 받지 아니하는 집합투자기구를 말합니다.

→ 혼합자산형 외에도 증권형/부동산/특별자산/단기금융 등 여러 종류가 있습니다.

8. **일반 사모집합투자기구** 함은 집합투자증권을 사모로만 발생하는 집합투자기구로서 법 시행령 제14조에 따른 투자자의 총수가 100인 이하인 집합투자기구로서 법 제9조제19항제2호의 사모집합투자기구를 말합니다.

→ 수익증권을 '사모'로만 발행하는 펀드이며 다른 종류로는 '공모'펀드도 있습니다.

9. **예탁결제원**이라 함은 법 제294조에 따라 설립된 한국예탁결제원을 말합니다.

10. **협회**라 함은 법 제283조에 따라 설립된 한국금융투자협회를 말합니다.

11. 그 밖에 이 신탁계약서에서 정의되지 않은 용어는 관련법령 및 규정 등에서 정하는 바에 따릅니다.

펀드와 용어의 이해

5. 기준가격이란?

기준가격은 펀드의 가치를 나타내는 숫자입니다. '내가 투자한 펀드의 지금 가치는 얼마일까?'를 기준가격을 통해 알 수 있습니다. 이는 매매 기준이 됩니다. 투자자가 펀드를 매수하거나 환매(판매)할 때, 기준가격을 바탕으로 거래가 이루어집니다.

$$기준가격 = \frac{신탁재산순자산총액(자산총액-부채총액)}{좌수} \times 1,000$$

: 1,000좌 단위로 원 미만 셋째 자리에서 4사5입하여 원 미만 둘째 자리까지 계산합니다.

예시

펀드의 자산이 10억이고 부채가 1억일 때 펀드 순자산은 9억이 됩니다.

이때 총 좌수가 9억좌라면 기준가격은 1,000원이 되는 것입니다.

펀드의 총 좌수 : 9억 좌

$$기준가격 = \frac{순자산가치 9억}{총 좌수 9억} \times 1,000$$

$$= 1,000원$$

예를 들어, 펀드의 기준가격이 1,020원이라는 것은 수익률이 2%라는 뜻입니다. 그렇기 때문에 기준가격은 추후 수익자의 환매대금 확정이나 성과보수 산정 시 반영되는 중요한 숫자입니다.

기준가격의 신탁계약서 예시

제00조(신탁원본의 가액 및 수익증권의 총좌수)

이 투자신탁을 최초로 설정하는 때의 신탁원본의 가액(이하 '신탁원본액'이라 한다)은 1좌당 1원을 기준으로 제27조에서 정한 기준가격(이하 '기준가격'이라 한다)을 적용하며, 설정할 수 있는 수익증권의 총 좌수는 1,000억좌로 한다.

→ 해당 펀드가 설정할 수 있는 총 좌수의 한도를 신탁계약서에 정하고 있는 내용입니다. 즉, 해당 펀드는 1,000억좌 이상 설정 할 수 없다는 의미예요.

제00조(기준가격 산정 및 제시)

1. 집합투자업자는 제26조에 따른 투자신탁재산의 평가결과에 따라 기준가격을 산정한다. 기준가격은 기준가격 산정일 전날의 재무상태표상에 계상된 투자신탁의 자산총액에서 부채총액을 뺀 금액(이하 '순자산총액'이라 한다)을 기준가격 산정일 전날의 수익증권 총 좌수로 나누어 산정하며, 1,000좌 단위로 원미만 셋째자리에서 4사5입하여 원미만 둘째자리까지 계산한다.

→ 기준가격 산정의 정의를 살펴볼 수 있습니다.

2. 이 투자신탁을 최초로 설정하는 날의 기준가격은 1좌를 1원으로 하여 1,000원으로 합니다.

→ 펀드를 처음 만든 날(최초 설정일)의 기준가격의 정의를 살펴볼 수 있습니다.

6. 은대(은행계정대)란?

은대는 펀드가 보유한 현금 잔액을 뜻합니다. 펀드 계좌에 남아 있는 실제 현금으로, 주식 매매, Repo 거래, 펀드 비용 지출 등 펀드 운용 과정에서 발생하는 모든 자금 흐름을 반영한 최종 잔액입니다.

은대는 펀드가 즉시 사용할 수 있는 자금을 나타내며, 투자 전략 실행과 유동성 관리에 필수적입니다.

운용사의 첫걸음
'공모주 펀드 운용'

신생 운용사와 공모주 펀드: 시작은 계좌 개설부터

신생 운용사가 첫발을 내디딜 때, 주로 선택하는 전략 중 하나가 공모주를 운용하는 일반사모투자신탁 펀드입니다.

하지만 '공모주 투자라니, 멋져 보인다!' 하고 바로 시작할 수 있는 건 아니에요. 공모주 펀드를 운용하려면 먼저 수요예측에 참여해야 하고, 그 준비 과정에서 가장 첫 단계는 바로 공모주의 주간사 계좌를 개설하는 것입니다.

공모주 계좌 개설: 시작이 반이다

공모주 투자의 첫걸음은 주간사(증권사) 종합매매 계좌 개설이에요.

'계좌 개설이 그렇게 어렵나?' 싶을 수도 있지만, 사실 한 번에 깔끔하게 처리하려면 조금 신경 써야 해요.

먼저, 계좌 개설에 필요한 서류를 준비해야 하는데, 여기서 가장 중요한 건 방문 전, 반드시 유선으로 필요 서류를 확인하는 일이에요. 증권사마다 요구하는 서류가 조금씩 다를 수 있거든요.

이 단계에서 '설마 다 똑같겠지?' 하고 갔다가, 준비 서류가 부족해 다시 돌아오는 일이 생기면 그날 하루는 그냥 날아간 셈이에요.

그리고 꼭 챙겨야 할 또 하나! 약간의 인내심이에요. 계좌 개설 업무는 종종 시간이 좀 걸릴 수 있거든요. 1시간 내지 3시간까지도 걸릴 수 있어요. 마감업무 등 정해진 시간에 해야 하는 업무를 놓치지 않도록 미리 시간을 배분해야 해요. 가끔씩 '이걸 내가 왜 해야 하나?' 싶은 생각이 들 수도 있지만, '이게 다 펀드 성과를 위한 초석이야!'라고 스스로를 다독이면 한결 나아질 거예요.

한 번에 끝낼 수 있도록 꼼꼼히 준비하고, 차근차근 단계를 밟아보세요. 공모주 펀드 운용의 문이 활짝 열리는 순간이 곧 찾아올 거예요!

다음으로는 계좌 개설 후, 공모주 투자 절차에 대해 이야기해 볼게요. 기대해 주세요!

1. 수요예측 프로세스의 이해

공모주 투자는 주식시장에서 새롭게 상장하는 기업의 주식을 미리 청약하고 배정받아 투자하는 과정입니다. 아래 단계별로 공모주 투자 프로세스를 쉽게 이해해 봅시다.

①수요예측	②배정	③청약	④납입	⑤상장	⑥매매	⑦출고
보통 17시 마감	청약일의 하루 전날	이틀간 진행 첫날 오전 청약 권장	납입확인 필요 증권사 체크	확약물량 등 매매제한 종목 체크	매매 실행 및 수익률 체크	상장 당일 입고 必

1) 수요예측: 공모가격을 정하는 단계

공모주를 상장하기 전에 기관투자자들이 관심을 보이는 수준을 파악하여 적정 공모가격을 결정하는 절차입니다.

- 기관투자자의 역할: 운용사(기관투자자)는 수요예측에 참여해 해당 기업의 주식을 원하는 수량과 가격을 제시합니다. (예: 이 주식을 주당 5,000원에 10,000주 사고 싶습니다.)
- 초일 가점 제도: 주간사의 재량으로 수요예측 초일에 참여할 경우 조금 더 많은 주식을 배정받는 제도입니다. 그러나 당국에서 2025. 01. 21. 배포된 [IPO 및 상장폐지 제도개선 방안] 발표 자료 시행에 따라 초일 가점제도가 개편되어 1~3일차 1.5점, 4~5일차 1점 가점 부여로 초일 쏠림 현상이 완화되었습니다.

실무 꿀팁

- 각 주간사(증권사)별 공지사항 및 작성할 파일을 확인해야 합니다.
- 유의사항: 기관 참여 최대 수량 및 최소 단위(보통 1,000주 단위)를 확인합니다.
- 수요예측 총괄집계표 작성 시, 펀드 만기일이 없는 펀드라면 9999-12-31로 입력해도 무방합니다.
- 운용중인 펀드 특성을 고려하여 계좌를 구분하여 참여해야 합니다. 대다수 주간사들의 기준은 '수요예측 하루 전날 3개월 평균 자산총액'을 기준으로 배정합니다.

1. 공모주1호, 공모주2호, 공모주3호 펀드를 운용 중이라면?

3개 펀드의 자산총액 및 순자산총액 3개월 평균을 합산하여 총 수량/금액을 계산 후 1개의 계좌로 수요예측에 참여

2. 코벤1호, 코벤2호, 코벤3호 펀드도 운용 중이라면?

3개 펀드의 자산총액 및 순자산총액 3개월 평균을 합산하여 총 수량/금액을 계산 후 1개의 계좌로 수요예측에 참여

3. 실수요 참여 시?

자산총액 기준으로 신청 가능한 Full 참여가 아닌, 실제 배정받고자 하는 수량만 참여

(각 펀드의 자산총액 및 순자산총액은 사무수탁사 회계프로그램에서 조회 가능하므로 사무수탁사에 문의한 후 엑셀로 다운로드하여 정확한 3개월 평균 금액을 계산)

· 주금납입확약서 상, 자산총액은 펀드 자산총액의 3개월 평균으로 기재하는 것이 일반적이나 주간사의 공지사항을 반드시 확인합니다.

· 3개월 평균의 기산일은 종목별 수요예측 시작일 하루 전날을 기준으로 기산합니다.

(예시) ☆☆전자 / 수요예측 시작일: 2024-10-04 / 3개월: 2024-07-04~2024-10-03

2) 배정: 공모주식 수를 배정 받는 단계

수요예측이 끝난 후, 제시한 가격과 경쟁률을 바탕으로 공모주를 배정합니다.

(예: 공모가가 10,000원으로 결정되었고, 내가 제시한 가격과 수량이 공모 조건에 맞으면 해당 수량만큼 주식을 배정받습니다.)

· 배정 결과 확인: 배정된 주식 수량은 공모주 주간사(증권사) 시스템에서 확인할 수 있습니다. 보통 청약일 하루 전날 확인 가능합니다.

실무 꿀팁

배정된 주식을 각 펀드별 자산의 비율만큼 공평하게 배분을 하여야 합니다.

사전자산 배분기준 위반은 금융감독원 제제 사항 위반이므로 꼭 체크하도록 합니다!

운용사의 첫걸음 '공모주 펀드 운용'

3) 청약: 배정받은 공모주식을 청약하는 단계

배정받은 공모주를 실제로 매수하겠다고 신청하는 단계입니다. 기관투자자는 수요예측 참여시 사용한 증권사 계좌를 통해 청약을 진행합니다.

이때 펀드별로 배분해 놓은 주식 수대로 주간사 홈페이지에서 청약을 진행합니다.

주간사 홈페이지 청약 접수를 마쳤다면, 펀드회계에 반영하고 예탁원 (E-SAFE)시스템으로 공모청약 운용지시를 진행합니다.

실무 꿀팁

사무수탁사 프로그램에 청약내용 입력시킵니다. (펀드회계 처리)

공모청약 운용지시를 통해 예탁원으로 자료를 송부합니다.

E-SAFE 〉 펀드운용지원 〉 권리행사 〉 주식권리행사 〉 공모청약운용지시 〉 공모청약

운용지시내역(510037) 확인

ㄴ15:00까지 수탁은행 확인란에 '확인'되어 있는지 체크, 확인이 안 되어 있는 경우 수탁은행 담당자에게 확인 요청. (보통 10분 이내 '확인'되어 있음)

4) 납입: 청약한 주식대금을 납입하는 단계

배정받은 주식의 최종 대금을 지급하는 과정입니다. 이때, 주의해야 할 점은 종목별로 수수료(1%) 부과 여부가 다르기 때문에 총금액을 반드시 확인하여야 합니다. (예: 10,000원 짜리 주식 100주를 청약하였고 수수료 1%가 있다면 총 1,010,000원을 납입하여야 합니다. 그러나 수수료를 누락하고 1,000,000원만 납입 운용지시를 할 경우 불성실 수요예측 기관으로 지정되어 일정 기간 수요예측에 참여가 금지되므로 유의하여야 합니다.)

실무 꿀팁

납입일에 납입확인요청서를 보내야 하는 증권사 체크 (예: 한국투자증권, 삼성증권 등)

[예시] 양식과 같은 형식으로 fax 발송하면 영업점에서 납입 확인

기관 납입확인 요청서 [종목명]

납입일 : 2025년 1월 23일
발신자 : 투자운용본부 운용지원팀 (담당자 이름 / 전화번호 기재)
수진자 : ○○투자증권 ○○지점 (FAX: 02-0000-0000)

<펀드별 배분 내역>

No	기관 구분	펀드정보 펀드명	펀드코드	수량 (주)	단가 (원)	금액 (원)	청약 수수료	금액 +수수료	수탁은행
1	집합 투자	○○공모주일반사모 투자신탁제1호	1000	39	10,000	390,000	3,900	393,900	계좌 정보 및 담당자 *입금처: ○○투자증권 ○○은행당좌
2	집합 투자	○○공모주일반사모 투자신탁제2호	2000	55	10,000	550,000	5,500	555,500	*계좌명: ○○증권-○○자산운용-○○은행 *담당자: ○○은행 ○○차장 02-1234-5678
		합계				940,000	9,400	949,400	

5) 상장: 공모주가 시장에 나오는 날

공모주가 정해진 상장일에 주식시장에서 거래를 시작하는 과정입니다.

주식 입고 확인: 상장일 아침, 예탁원 펀드 계좌에 공모주가 입고되었는지 확인해야 합니다.

만약 입고가 안 되었다면, 증권사에 방문해 출고 처리를 진행합니다.

실무 꿀팁

○ 의무보유 확약(Lock-up)을 했던 종목의 경우, 매매제한 일을 체크해 두어야 합니다.

→ 매매제한 일의 익일 = 매매가능일

→ 매매제한 일 이후 1주일 이내 수탁은행에 잔고증명서 요청 후 주간사 송부

(보통 1주일 이내 송부이나, 주간사별로 기한이 다를 수 있으므로 안내사항을 참고하도록 합니다.)

○ 의무보유 확약(Lock-up)이란?

IPO종목별 수요예측 참여 시, 확약 여부를 선택 가능.

상장당일 주식을 매도하지 않고 의무적으로 일정기간을 보유하겠다는 약속입니다.

○ 장점: 의무보유 확약을 할 경우 조금 더 많은 주식을 배정받을 수 있음.

○ 확약의 종류: 미확약 / 15일 / 1개월 / 3개월 / 6개월 / 1년

○ 확약 일자 계산 방법: 상장일로부터 기산하여 확약 해제일까지 의무보유 해야 함.

예시) 더본코리아 [1개월 확약 시]

　　　상장일: 2024-11-06

　　　확약해제일: 2024-12-05

　　　매매가능일: 2024-12-06

○ 의무보유 확약일 크로스체크하는 방법.

KIND 접속 > IPO현황 > 공모기업 > 공모기업현황 > 종목명 클릭 > 확약일 확인

https://kind.krx.co.kr/

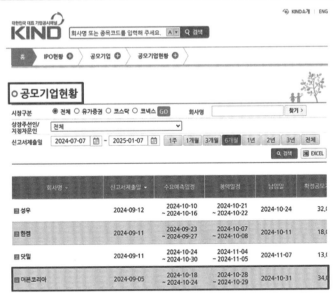

출처: 한국거래소 기업공시체널 KIND

○ 주관사 의무인수

사모 (주관사인수)	주식수	공모하한예정금액	공모상한예정금액
	-	-	-

사모 배경 (주관사인수)	주관사명	주식수	금액 (억원)

○ 유통가능주식수

구분	주식종류	주식수 (주)	의무보유기간	
			시작일	종료일
상장주식수	보통주	14,466,030		
의무보유	보통주	4,865,835		
우리사주	보통주	212,266	2024-11-06	2025-11-06
자발적의무보유	보통주	6,154,995	2024-11-06	2027-05-05
의무확약	보통주	282,600	2024-11-06	2025-05-05
의무확약	보통주	382,935	2024-11-06	2025-02-05
의무확약	보통주	204,280	2024-11-06	2024-12-05
의무확약	보통주	77,591	2024-11-06	2024-11-20
유통가능주식수	보통주	2,285,528	상장시점 기준	

🔵 2012년 5월 이전 상장법인의 경우 일부 항목의 내용이 미계공됩니다.
상기 자료는 공모시점의 상장주선인(증권사)이 제공한 자료입니다.
상세한 공모 내용은 Dart(http://dart.fss.or.kr/)의 증권신고서를 참고하시기 바랍니다.

출처: 한국거래소 기업공시체널 KIND

6) 매매: 투자 전략에 따라 주식 매수·매도

상장 후 공모주를 매도하여 수익을 실현하거나, 추가 매수를 통해 장기 보유 전략을 세울 수 있습니다. 상장 당일 9시는 매도의 결정적 순간으로, 주식 차트의 움직임과 운용역의 지시를 따라 집중력을 발휘해야 하는 시간입니다. 초반의 떨림과 긴장 속에서도 고점에 매도에 성공하면 펀드 수익률과 기준가 상승으로 큰 보람을 느낄 수 있습니다. 매번 긴장되지만, 이 과정에서 배우고 성장하며 펀드 운용의 중요한 역할을 수행하게 됩니다.

운용 전략으로는 초기에 높은 가격에서 매도하여 단기 차익을 실현할 수도 있고, 기업의 성장 가능성을 보고 보유하는 선택을 할 수도 있습니다.

보통 상장 당일에 매도하며, 사무수탁사 매매 프로그램(또는 HTS 등 매매 수단은 상이할 수 있음) 이용하여 매수/매도합니다.

○ 매매 마감 (※뒷장 '운용지원 마감' 파트에서도 자세히 살펴보기로 합니다.)

E-SAFE 〉펀드운용지원 〉주식 〉매매운용(결제)시 〉주식매매운용지시송수신 진행 현황(510067) 조회 〉수수료, 세금 조회되면 마감 가능, 매도한 종목/수량/금액 등 내역 확인합니다.

○ 사무수탁사 매매 프로그램 이용 시, 매매 마감 실행 (사무수탁사 문의)

E-SAFE 〉펀드운용지원 〉주식 〉매매운용(결제)지시 〉주식매매운용지시송수신 진행 현황(510067)에서 매매내역과 운용지시 내역이 일치하는지 확인 후 일치하면 마감 완료

E-SAFE 〉펀드운용지원 〉주식 〉매매운용(결제)지시 〉주식매매운용지시내역 (510005)에서도 확인 가능합니다.

○ 사후 관리: 매매내역을 엑셀파일 또는 사무수탁사 프로그램을 사용하여 수익률 관리

7) 출고: 상장 당일 입고하기

수요예측에 참여한 주간사로부터 주식을 배정받아 상장 당일에 펀드 계좌로 주식을 입고 시키는 과정을 말합니다. 이 작업이 완료되어야 비로소 하나의 수요예측 사이클이 완성되 며, 온전히 마무리되었다고 할 수 있습니다. 입고까지 꼼꼼히 확인하는 것이 운용지원 업 무의 핵심입니다.

반드시 당일 입고 원칙! (상장일에 주식을 매도했는데 당일 입고하지 않으면, 펀드 계좌 안에 주식이 없는데 매도한 격이 되므로 공매도와 같은 효과이기 때문에 반드시 당일에 입고시켜야 합니다.)

1. E-SAFE 〉 펀드운용지원 〉 펀드원장 〉 펀드원장조회 〉 종목별펀드별잔량(510395)에서 당일 상장 종목을 조회한 후 입고되어있는지 확인합니다.

2. 자동 입고되어 있다면 출고 신청이 불필요하나, 아무것도 조회되지 않는다면 대체 출고 진행합니다.

3. 각 증권사에 방문하여 출고 전표를 작성 후 신분증과 수수료(현금)을 지참하여 계좌 개설 시 등록했던 거래 인감을 날인하여 출고 신청합니다.

4. 준비물: 대체 출고 전표, 대리인(방문할 사람)의 신분증, 등록한 거래 인감, 현금(수수료 발생하는 경우 있음), 증권사 실물 카드 지참합니다.

5. 증권사에 방문하여 출고신청을 완료하였다면 복귀한 후, E-SAFE 〉 펀드운용지원 〉 펀드원장 〉 펀드원장조회 〉 종목별펀드별잔량(510395) 조회하여 입고되었는지 확인합니다.

2. 공모주 수요예측 참여용 증권사 계좌 개설
계좌 개설: 선배가 알려주는 여의도 출동기

왜 여의도로 가야 할까?

먼저 계좌 개설하러 어디로 가야 할지 고민되실 텐데요. 제 추천은 단연 여의도 영업부입니다. 여의도는 대한민국 금융의 심장이자 증권사의 메카라, 거의 모든 주요 증권사가 밀집해 있어요. 법인 계좌 개설 같은 업무는 개인 계좌와 다르게 조금 까다로울 수 있어요. 서류도 많고 처리 과정도 복잡하죠. 하지만 여의도에 있는 영업부 직원들은 이런 일을 워낙 많이 다뤄서, 능숙하게 척척 해결해 주신답니다. 게다가 여러 증권사가 근처에 모여 있으니, 다른 곳을 추가로 방문해야 해도 이동 시간이 절약돼요.

계좌 개설을 준비하면서 제일 중요한 건 서류를 꼼꼼히 챙기는 것이에요. 서류 준비가 잘못되면 증권사를 다시 방문해야 할 수 있거든요. 그러니 방문 전에 유선으로 해당 증권사에 문의해서 필요한 서류를 확실히 확인하세요.

증권사에 도착하면 직원분과 함께 서류를 점검받게 되는데요, 준비한 서류가 하나하나 확인되면서 "완벽하네요!"라는 말을 들을 때 은근 뿌듯해져요. 그리고 계좌 개설이 끝나면 작은 성취감이 밀려옵니다. 그냥 계좌 하나라고 생각할 수도 있지만, 이 계좌가 펀드 운용에서 얼마나 중요한 역할을 하는지 알면, 이 과정이 절대 허투루 느껴지지 않을 거예요.

계좌 개설 업무는 수요예측 일정에 맞춰 차례대로 진행하시면 돼요. "그런데 수요예측 일정은 어디서 확인하죠?" 걱정하지 마세요! 거래소 KIND 홈페이지에서 확인하실 수 있는데, 사용법은 뒤 페이지에 자세히 적어 두었으니 참고하세요.

계좌 개설 업무는 반복적인 작업처럼 보일 수도 있지만, 사실 이런 작은 준비들이 펀드 운용에 얼마나 큰 영향을 주는지 깨닫게 될 거예요. 이 과정에서 효율성을 조금씩 찾아가다 보면, 나만의 업무 노하우도 생길 거예요.

오늘도 여의도에서 한 개 증권사의 계좌를 개설했어요. 이 작은 성취들이 쌓여 공모주 투자의 시작을 열어 주고, 더 나아가 펀드 운용의 성공에 한 걸음 더 다가가게 해 줄 거예요. 저처럼 하나씩 차근차근해보세요. 어느새 일이 익숙해지고, 뿌듯함도 배로 느끼게 될 거예요.

실무 꿀팁

계좌를 개설할 때는 앞으로 운용할 펀드 특성을 고려하여 미리 3~4개 개설하면 편리합니다(예: 고유분, 공모주(집합분), 코스닥벤처분, 하이일드분 등). 그렇지 않으면 20~30개의 증권사를 또 방문하여 계좌를 개설해야 하기 때문입니다.

필요서류 예시 (방문 전 유선으로 필요서류 확인 필요)

- 대리인 실명 확인증표: 주민등록증, 운전면허증, 여권

- 사업자등록증

- 대표자 위임장 (법인인감 날인)

- 법인인감증명서 (사용인감계)

※ 뒷장 '법인인감, 사용인감' 파트에서도 자세히 살펴보기로 한다.

- 거래도장

- 등기사항전부증명서 (발급일로부터 3개월 이내 限)

- 실제 소유자 확인 서류 (발급일로부터 3개월 이내 限)

- 금융거래 목적 증빙서류 (요구하는 지점이 있을 수 있음)

(부가세과세표준증명원, 전자세금계산서, 원천징수이행상황신고서, 재무제표 등 중에서 택1)

* 상장 종목 수요예측 일정 확인하는 방법

거래소 공시 채널 KIND

https://kind.krx.co.kr/

KIND 접속 > IPO현황 > 공모기업 > 공모일정 > 수요예측 선택 > 검색

출처: 한국거래소 기업공시체널 KIND

공모 기업명을 클릭하여 세부 일정을 확인하고 스케줄링 해두어야 합니다.

수요예측 기간 / 배정일 / 청약일 / 납입일 / 상장일 등을 체크해야 합니다.

저는 주로 피너츠 라는 사설 어플을 같이 사용해요. 핸드폰으로 언제든지 쉽게 공모주 일
정을 체크할 수 있답니다.

피너츠 앱 다운로드

피너츠 공모주 `4+`

공모주 전문가가 만든 공모주 어플

Finuts

iPhone용으로 디자인됨

★★★★★ 4.6 · 64개의 평가

무료

출처: 피너츠 앱

공모기업 상세 현황 화면 (예시)

공모기업현황 상세

○ 공모개요(예정)

IR일정	2025·01·20 ~ 2025·02·03		수요예측일정	2025·01·31 ~ 2025·02·06
공모청약일정	2025·02·11 ~ 2025·02·12		납입일	2025·02·14
상장(예정)일	2025·02·20			
액면가	원			
희망공모가격	~ 원			
발행주식수	공모전 (주)		공모후 (주)	

	구분	주식수 (주)	공모금액하한 (백만원)	공모금액상한 (백만원)
공모금액	모집			
	매출			
	총액			

출처: 한국거래소 기업공시채널 KIND

3. 법인인감과 사용인감 – 초보자도 쉽게 이해하기

법인인감과 사용인감이 헷갈리시죠? 처음엔 생소할 수 있지만, 알고 나면 간단해요. 제가 차근차근 설명드릴게요. 업무 중 꼭 필요한 개념이니 잘 알아두시면 도움이 될 거예요.

1) 법인인감과 사용인감의 차이

법인인감	사용인감
해당 법인의 법적 효력을 갖는 도장 (1개만 만들 수 있음)	법인인감을 반출하기 어려운 경우 법인인감 대신 사용할 수 있도록 만든 도장 (여러 개를 만들 수 있음)
보통 중요 계약 시 날인	실무적인 업무에서 사용
법인인감증명서 도장과 일치	사용인감계를 제출하여 법적 효력 발생

2) 사용인감계

사용인감은 말 그대로 실무에서 법인인감을 대신해 쓰는 도장이에요. 그런데 이 도장 자체로는 법적 효력이 없어요. 그럼 어떻게 해야 하냐고요? 사용인감계라는 서류를 첨부하면 됩니다.

사용인감계란 '이 도장이 우리 법인의 법인인감과 같은 효력을 갖는다'는 걸 증명하는 문서예요. 문서에 법인인감을 찍고, 그 옆에 사용인감을 찍어요. 이렇게 함으로써 사용인감도 법적 효력을 얻게 되는 거죠. 여기에 법인인감증명서를 함께 첨부하면 준비 완료! 양식은 딱 정해진 법적 규격이 있는 건 아니니, 상황에 맞게 작성하면 돼요. 보통 간단한 서류지만, 사용하는 곳에서 제공하는 양식이 있다면 그걸 활용하는 게 제일 좋아요.

법인인감은 소중히 다뤄야 합니다.

법인인감은 중요 계약서 등에만 사용하고, 평소엔 반출을 자제하는 것이 좋습니다.

사용인감계는 언제든 작성할 수 있도록 준비해 두세요

사용인감을 활용할 때는 사용인감계가 필요하니, 미리 사용 사례에 맞는 양식을 준비해 두면 실무가 더 편리해집니다.

꼼꼼히 확인하세요

사용인감계 제출 시, 법인인감증명서와 도장이 반드시 일치해야 해요. 작은 실수가 큰 문제로 이어질 수 있으니 확인 또 확인!

사용인감계

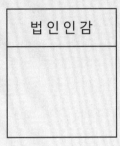

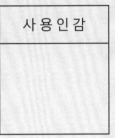

귀사와 업무에 수반되는 모든 행위를 위하여 위와 같이 사용인감계를 제출합니다.

첨부 : 법인인감증명서 1부

상   호: ○○○자산운용 주식회사
사 업 자 번 호: 123-45-67890
주   소: 서울시 ○○구 ○○○길 123
대 표 이 사: ○ ○ ○   (인) (법인인감 날인)

2024년   XX월   XX일

○○증권 귀하

여유자금
운용하기

펀드를 관리하다 보면, 여유자금이 생길 때가 있습니다. 그냥 예금잔고, 즉 은대로 남겨둬도 큰 문제는 없지만, 가끔씩 운용역이 묻습니다.

"조금 더 높은 금리로 운용하면 어떨까요?"

그럴 때 많이 나오는 이야기가 바로 RP(환매조건부채권) 매매입니다. RP는 안정적이면서도 금리가 조금 더 높아, 여유자금을 효율적으로 운용하기에 좋은 선택지입니다.

예탁원 업무 참가 신청: 예탁원에서의 순간들

채권매매 등 업무 참가신청을 위해 한국예탁결제원을 방문합니다. 이번에는 E-SAFE 프로그램 사용을 위한 업무 참가 신청을 진행해야 합니다. 펀드 운용에 필요한 전산 시스템 권한을 부여받는 절차로, 꼼꼼하게 준비한 서류를 제출하고 담당자와의 상담을 이어갑니다.

E-SAFE 프로그램은 사모펀드의 자산 관리와 거래 보고를 위한 필수 도구입니다. 이 작업은 그저 행정적인 절차로 보일 수 있지만, 이 또한 펀드 운용의 기반을 다지는 중요한 단계입니다.

1. Repo 운용 준비

(※ 뒷장 신생 운용사 To Do에서 '신생 운용사 예탁원 E-SAFE 신규가입' 파트 참조)

https://e-safe.ksd.or.kr/index.html

예탁결제원 홈페이지 접속 〉 양식/서식 〉 계좌개설 검색

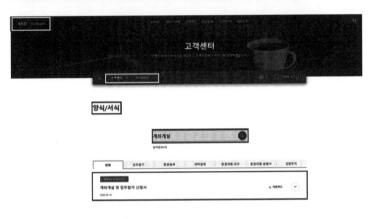

출처: 한국예탁결제원 공식 홈페이지

* Repo(환매조건부채권 매매)

환매조건부채권(Repo)은 간단히 말해, 돈을 빌려주고 일정 기간 후에 되돌려받는 조건으로 채권을 거래하는 방식입니다. 이 거래에서 채권을 파는 사람은 자금을 빌리기 위해 채권을 임시로 판매하며, 일정 기간 후에는 약속된 가격으로 채권을 되사옵니다.

쉽게 말해, 빌리는 사람(채권 판매자)이 "내 채권을 잠시 맡길게. 대신 돈을 좀 빌려줘! 일정 기간 후에 약속한 가격으로 채권을 다시 살게."라고 하면 빌려주는 사람(채권 구매자)이 "좋아, 대신 네가 갚을 때까지 이 돈에 대해 이자를 받을게."라고 하는 것입니다.

이때 이자가 'Repo 금리'로, 보통 은행 예금보다 높은 편이라 단기적으로 여유 자금을 운용하려는 투자자들에게 매력적입니다.

- 안정성: 채권이 담보로 잡히기 때문에 상대적으로 안전합니다.

- 단기성: 보통 하루 또는 짧은 기간 동안 운용됩니다.

- 상품성: 은행 예금보다 높은 금리를 제공하므로 단기 자금 운용에 적합합니다.

＊ 자금중개 약정 체결

Repo 거래 시, 매수자와 매도자를 연결해 주는 자금중개 회사와 약정을 체결합니다.

＊ Repo 매매 실전

매일 아침 Repo를 운용할 펀드별로 은대 자금을 확인(예금당잔확인) 합니다. 운용역과
상의하여 여유자금을 일정 금액 남겨두고 채권으로 운용합니다.

실무 꿀팁

운용역의 확인을 거쳐 자금중개사에 예탁원 펀드코드와 Repo 매매할 금액을 전달합니다.
보통 14시 이후 예탁원 매매 내용을 승인합니다. 이메일로 자금중개사에서 매매확인서
를 보내주면 펀드회계 처리한 금액과 일치하는지 확인합니다.

E-SAFE 〉 Repo 〉 Repo결제 〉 개시결제 〉 매매자료확인(410003) 〉 조회 〉 선택 〉 저장

이후 사무수탁사 프로그램에서 펀드 회계처리 합니다.

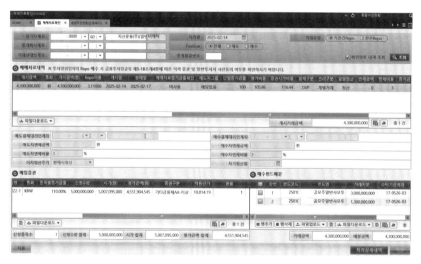

출처: 한국예탁결제원 E-SAFE 프로그램 화면

여유자금 운용하기

지준일 다음날에는 만기환매분 입금 확인 절차가 추가로 필요합니다. (보통 지준일자는

자금중개회사에서 안내해주므로 안내에 따라 진행하면 됩니다.)

E-SAFE 〉 Repo 〉 Repo결제 〉 결제지시 〉 결제대금 입금확인(410079) 화면

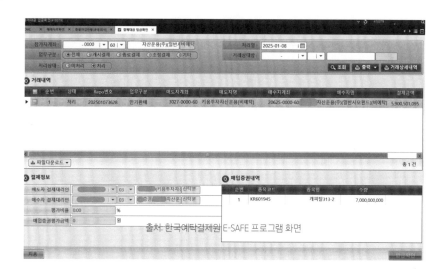

출처: 한국예탁결제원 E-SAFE 프로그램 화면

2. Repo 수수료

* 예탁수수료

Repo 거래로 인한 수수료를 매월 20일 한국예탁결제원에 지급 처리하는 업무를 말합니다.

실무 꿀팁

E-SAFE 〉 Repo 〉 거래관련조회 〉 Repo수수료 〉 수수료조회(410048)

출처: 한국예탁결제원 E-SAFE 프로그램 화면

* 중개수수료

중개수수료는 자금중개회사에서 지급하는 수수료로 매월 10일 중개기관에 지급 처리합니다.

실무 꿀팁

사무수탁사 프로그램을 통해 환입인출 운용지시(15:00 전까지) 합니다.

보통 환입인출 운용지시는 업무를 놓치지 않기 위해 오전중에 미리 하는 것이 좋습니다.

E-SAFE 〉 펀드운용지원 〉 기타운용관리 〉 환입인출운용지시 〉 환입인출운용지시
내역(510296) 〉 운용지시 내역을 확인

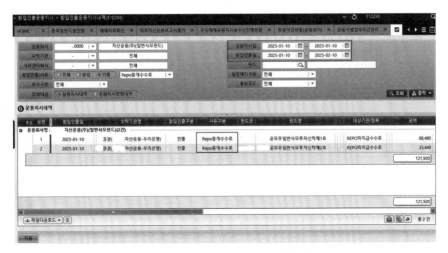

✱ 중개회사의 (전자)계산서 발행분의 처리

Repo 거래를 중개하는 자금중개회사에서는 수수료 매출이 발생하였으나, 펀드에 직접 계산서를 발행할 수 없는 구조이므로, 자산운용사 앞으로 발행합니다.

그러나 실제 수수료 비용은 펀드에서 집행하므로, 운용사 앞으로 계산서가 발행되었다고 해서 비용 지급을 해서는 안 됩니다(이중 지급이 되므로).

운용사는 전자 계산서 증빙을 수취할 경우, 고유회계 담당자에게 해당 내용을 통보해 주고 세무법인 및 감사인에게 해당 내용을 전달한 후 미지급금으로 남아있지 않도록 처리해야 합니다.

운용
(FoF 전략)

오늘은 FoF 매수신청을 진행하는 날이네요. 처음 시도해 보는 전략이라 조금 떨릴 수도 있지만, 차근차근 단계를 따라간다면 충분히 잘해낼 수 있을 거예요.

1. FoF 전략

* FoF 전략이란?

FoF(Fund of Funds), 재간접 투자라고도 부르는 운용전략은 말 그대로 우리 펀드가 다른 운용사의 펀드를 매수하여 운용하는 방식입니다. '펀드가 펀드에 투자한다'는 개념이 처음에는 조금 생소하게 느껴질 수도 있지만, 알고 나면 매력적인 전략이라는 걸 알게 될 거예요.

* FoF 매수 신청 프로세스

신탁계약서 확인

FoF 전략을 수행하려면 먼저 신탁계약서를 살펴봐야 해요. 펀드마다 운용 전략이 정해져 있기 때문에, 해당 펀드가 FoF 투자 전략으로 운용 가능한 펀드인지 확인하는 것이 첫 단계예요. 신탁계약서에 FoF 투자 가능 여부가 명시되어 있으니, 꼼꼼히 확인하세요.

실무 꿀팁

○ 공모주 펀드의 FoF 투자전략 신탁계약서 예시

제14조(투자목적 및 투자전략)
① 이 투자신탁은 투자대상 및 투자비중에 제한이 없는 혼합자산형 일반사모집합투자기구로서, 신탁계약기간 동안 다양한 전략을 복합적으로 사용하여 경쟁력 있는 수익을 추구하는 것을 목적으로 하며 주로 공모주 및 공모주 투자 관련 집합투자증권을 주된 투자대상으로 기업공개(IPO)시장의 우량 종목에 집중 투자하여 수익을 추구한다. 단, 시장상황 및 경제 환경에 부합한다고 판단되는 신규전략 등을 포함한다.
  1. IPO 투자전략: IPO공모주에 대한 분석 및 평가를 통해 공모가격이 저평가된 경우

운용(FoF 전략)

공모주 배정에 참여, 상장 후 차익실현을 통해 수익을 추구하는 전략으로 KOSPI, KOSDAQ시장에 상장하는 IPO기업을 주된 투자대상으로 하며, 투자대상 기업은 업황의 전망, 밸류에이션, 경영진의 경영능력 등을 종합적으로 고려하여 선택적으로 투자한다.
2. FoFs 전략: IPO 공모주에 투자하는 집합투자기구에 재간접으로 투자한다.

매수하려는 펀드 확인

매수하려는 펀드(상대 펀드)가 최초 설정되는 펀드라면, 먼저 펀드 설정이 완료되었는지 확인 후 매수 신청을 해야 합니다.

PBS를 통한 계좌개설

매수하려는 펀드의 판매사(증권사)의 계좌를 개설을 진행합니다. 우리 회사 펀드의 PBS 명의로 개설해야 하므로, PBS에 계좌 개설을 요청합니다. 이때, 매수 일정도 함께 논의하는 것이 좋습니다. 그 후 계좌개설 요청을 위한 운용지시서를 작성하여 담당자에게 송부합니다.

사무수탁사 프로그램 FoF 청약 회계처리 및 예탁원 E-SAFE 전문 송신

회계처리는 사무수탁사마다 상이하므로 사무수탁사에 문의합니다.
- 사무수탁사 프로그램을 이용하여 예탁원 전문 송신까지 할 경우

E-SAFE > 펀드운용지원 > ETF/집합투자증권 > 집합투자증권(장외매매) > 집합투자증권운용지시내역(510215)에서 전문 송신 내역 확인

- 예탁원 전문 수기입력 해야 하는 경우

E-SAFE > 펀드운용지원 > ETF/집합투자증권 > 집합투자증권(장외매매) > 집합투자증권운용지시입력(510213)에서 직접 입력 가능

운용지시를 토대로 수탁은행에서 자금 집행

예탁원 운용지시를 토대로 수탁은행 담당자에게 업무 공유하여 자금을 집행합니다. 이때, 판매사에서 입금 받을 계좌번호를 사전에 확인하는 것이 좋습니다.

자금집행 후 PBS에 공유하면 PBS가 판매사에 매수 신청

PBS 담당자와 사전에 계좌 개설을 하며 매수 일정을 논의했으므로, 자금 집행이 완료되었음을 공유한 후 PBS를 통해 매수하려는 펀드의 판매사에 매수 신청을 합니다.

매수 완료

○ 매수하려는 펀드가 '최초 설정'인 펀드일 경우

→ 매수 신청일(T)에 기준가(=1,000)로 설정 완료

○ 매수하려는 펀드에 '추가 설정' 가입인 경우

→ 매수 신청 익일(T+1)에 기준가 확정 후 판매사에서 예탁원 자료 생성

> E-SAFE 〉 펀드운용지원 〉 ETF/집합투자증권 〉 집합투자증권(장외매매) 〉 집합투자
> 증권운용지시내역(510215) 판매회사 확정구분 칸: 거래 확정되었는지 확인 가능

* 매수 신청 익일 프로세스

매수 펀드 설정대금 확정

[D+1] FoF 투자 펀드의 기준가격 확정 후 설정대금이 확정되면 당사 펀드에 거래를 입력합니다(단, 상대 펀드가 최초 설정하는 펀드의 경우 매수 신청 당일에 거래입력까지 완료합니다).

예탁금 이용료의 처리

투자한 펀드의 기준가격이 확정되려면 만 하루가 걸리므로, 매수청구 및 자금 납입을

운용(FoF 전략)

한 날의 익일이 되기까지 하루 동안 자금이 투자한 펀드 안에 묶여 있는 것과 같습니다. 그러므로 하루치 이자가 발생하는데 이를 예탁금 이용료라는 이름으로 환입(입금) 처리합니다. 타 펀드 가입을 위해 당사 펀드의 PBS 명의로 개설한 판매사 계좌로 입금 받고 다시 당사 펀드의 수탁은행으로 입금됩니다.

- PBS로부터 예탁금 이용료 입금된 내역을 잔고 및 거래명세서 등으로 수령
- 사무수탁사 프로그램에 펀드회계 반영
- 예탁원 E-SAFE 운용지시 (사무수탁사에 문의)

E-SAFE 〉 펀드운용지원 〉 기타운용관리 〉 환입인출운용지시 〉 환입인출운용지시내역 (510296)에서 운용지시 내역 확인

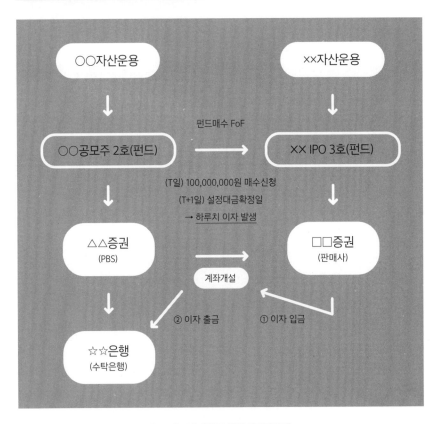

[FoF 매수 및 예탁금이용료 처리 관계도]

5장

마감 업무, 펀드회계의 하루를 완성하는 시간

드디어! 하루를 마감합니다.

운용지원 펀드회계 담당자로서 하루 중 가장 중요한 업무는 바로 마감입니다. 마감은 하루 동안 이루어진 모든 거래를 정리하고 펀드의 재무제표를 완성하는 과정으로, 다음 날의 펀드 기준가격 산정에 반드시 필요한 작업입니다.

마감 업무는 주식시장이 종료된 오후 4시부터 시작됩니다. 매매가 있는 날에는 주식 거래를 최종 확인하고 정리하는 매매 마감을 우선적으로 진행합니다. 이는 시장이 끝난 직후인 4시 10분경부터 이루어집니다. 매매 내역을 정확히 검토하고, 비용 및 수익 데이터를 반영하여 펀드의 자산을 정리합니다.

반면, 매매가 없는 날에는 은대(펀드의 현금 잔액) 마감부터 시작합니다. 펀드 계좌에 남아 있는 현금 잔액을 확인하고, 당일 자금 흐름을 모두 반영하여 최종 은대를 확정합니다.
이후, 예탁결제원(E-SAFE) 시스템에서 거래 내역과 계좌 상태를 확인하며, 예탁원 총괄 마감까지 차례로 진행합니다. 모든 작업이 정확히 완료되어야만 하루의 업무가 마무리되고, 펀드의 재무 상태가 다음 날 기준가격에 제대로 반영될 수 있습니다.

운용지원 펀드회계의 마감 업무는 단순한 기록 이상의 의미를 가집니다. 이는 펀드의 안정성과 신뢰성을 유지하기 위한 핵심 과정으로, 꼼꼼한 검토와 철저한 확인이 요구됩니다. 매일 반복되는 이 작업은 펀드 운용의 마지막 퍼즐을 맞추는 순간이며, 펀드 관리의 중요한 기둥이 됩니다.

1. 마감 업무

* 매매 마감

주식 시장 종료 후 시작

- 매매 마감은 주식시장이 종료된 오후 4시 이후 본격적으로 진행됩니다.

- 매매가 있는 날에는 보통 4시 10분경부터 매매 내역을 정리합니다.

거래 내역 확인 및 정리

- 그날 이루어진 모든 매수/매도 거래 내역을 꼼꼼히 확인합니다.

- 각 거래의 수량, 가격, 비용 등이 정확히 반영되었는지 검토합니다.

> **실무 꿀팁**
>
> E-SAFE > 펀드운용지원 > 주식 > 매매운용(결제)지시 > 주식매매운용지시송수신 진행 현황(510067)에서 수수료와 세금이 조회(16:10 이후)되면 마감을 시작합니다.
>
> 매매 마감 프로세스는 사무수탁사마다 상이하므로 사무수탁사에 문의합니다.
>
> 사무수탁프로그램에서 매매 마감 회계처리 후 예탁원으로 주식매매운용지시를 합니다.
>
> E-SAFE > 펀드운용지원 > 주식 > 매매운용(결제)지시 > 주식매매운용지시내역 (510005)에서도 확인할 수 있습니다.

* 은대 마감(은대 대사)

은대 마감이란, 운용사가 펀드회계 시스템 상에서 관리하고 있는 현금과 실제 수탁은행에 예치되어 있는 현금 금액이 일치하는지 매일매일 확인하는 것을 말합니다.

거래가 없는 경우 보통 16시에 대사를 진행하며, 거래가 있는 날에는 거래 완료 후 대사를 진행해야 합니다.

이때, 주의할 점은 펀드별로 수탁은행이 다른 경우 수탁은행별로 은대금액을 합산하여 대사를 진행해야 합니다.

사무수탁사 프로그램에서 은대 금액 조회 후 예탁원 메신저로 수탁은행 담당자에게 "오늘 은대 123,456,789원입니다"라고 알려주어 은행 잔고와 일치 여부를 확인합니다. 은대 마감 프로세스는 사무수탁사마다 상이하므로 사무수탁사에 문의합니다.

* 사무수탁사 마감

사무수탁사 프로그램 상 마감을 해야 하는 경우도 있으므로 사무수탁사에 문의합니다.

* 예탁원 마감

펀드회계의 하루는 예탁결제원의 E-SAFE 프로그램에서 이루어지는 마감으로 마무리됩니다. 이 단계는 하루 동안의 자금 흐름과 거래를 최종적으로 점검하고, 모든 업무를 확정하는 중요한 과정입니다.

* 추가 설정금 및 환매 청구 확인

먼저, 오늘 추가로 설정금이 들어온 내역이 있는지 확인합니다. 이는 투자자로부터 새롭게 들어온 자금을 뜻하며, 펀드의 자산 증가와 직접 연결됩니다.

다음으로, 환매(해지) 청구 건이 있는지도 점검합니다. 환매는 투자자가 자신의 투자금을 회수하는 절차로, 펀드의 자산 감소를 초래하므로 철저히 확인해야 합니다.

(추가 설정 및 일부 해지 청구가 들어왔다면 본 장의 '2. 추가설정 청구 시 업무처리'와 '3. 일부 해지 청구 시 업무처리' 파트를 참조)

* 미처리 업무 점검

당일 발생한 거래 중 처리되지 않은 업무가 있는지를 확인합니다.

혹시 누락된 사항이 발견되면, 즉시 문제를 해결하고 데이터를 업데이트하여 시스템에 반영합니다.

* 운용사별 업무 마감 관리

모든 점검이 끝나면, 운용사별 업무 마감 관리 탭에 들어가 판매사의 추가 설정 및 해지 청구를 차단합니다.

이 작업은 하루의 데이터를 확정 짓고, 이후에는 펀드 데이터에 변동이 생기지 않도록 하는 단계입니다.

> **실무 꿀팁**
>
> 거래가 있을 것으로 예상되는 날에는 판매사와 연락하여 금일 추가설정 / 일부해지 등 거래 발생 여부를 확인합니다.
>
> E-SAFE 〉 펀드설정환매 〉 마감업무 〉 총괄마감현황(운용회사)(500051) 미처리건수 "0건"인지 확인합니다.
>
> E-SAFE 〉 펀드설정환매 〉 마감업무 〉 운용사별업무마감관리(500048) 〉 조회 〉 전체 체크 〉 저장 〉 마감 완료

운용사별업무마감관리(500048) 마감 화면

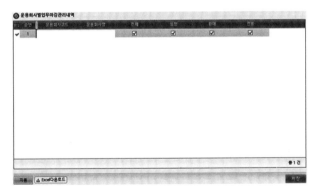

출처: 한국예탁결제원 E-SAFE 프로그램 화면

총괄마감현황(운용회사)(500051) 미처리건수 "0건" 확인 화면

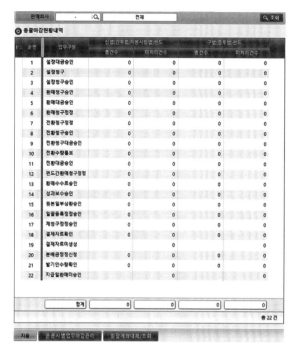

출처: 한국예탁결제원 E-SAFE 프로그램 화면

마감 업무, 펀드회계의 하루를 완성하는 시간

2. 추가 설정 청구 시 업무처리

총괄 마감을 하려고 E-SAFE 화면을 딱 봤는데, 미처리 건수가 "0건"이어야 하는 자리에 떡하니 "2건"이 떠 있네요. '뭐가 남았지?' 하며 자세히 들여다봤습니다.

1건은 수익자가 펀드에 추가로 가입한 추가 설정 건, 나머지 1건은 수익자가 환매를 요청한 일부 해지 건이었어요. 자, 이제 이걸 어떻게 처리해야 할지 함께 알아볼까요?

[추가 설정 청구 건]

추가 설정 청구일(당일)

설정 청구가 들어온 날은 E-SAFE 프로그램에서 승인만 하면 됩니다.

E-SAFE 〉 펀드설정환매 〉 펀드설정 〉 설정승인 〉 설정대금통보승인(500088)

설정 대금 확정일(익일)**

설정청구의 익영업일에는 설정 대금이 확정되는데, 설정 청구일의 기준가격이 다음날 확정되어 이를 반영해 설정 좌수가 결정됩니다.

① E-SAFE 프로그램에서 설정 대금 확정 승인을 합니다.

E-SAFE 〉 펀드설정환매 〉 펀드설정 〉 설정승인 〉 설정청구승인(500089)

② 승인한 자료를 다운로드 또는 수기 입력하여 사무수탁사 프로그램에 입력합니다.

(펀드회계 작업)

③ 사무수탁사 프로그램을 통해 환입/인출 운용지시를 합니다.

E-SAFE 〉 펀드운용지원 〉 기타운용관리 〉 환입인출운용지시 〉 환입인출운용지시내역 (50296) 확인

** 위 예시는 3시 30분 이전에 설정 청구가 들어오고 (Late 청구 비대상), 금액 기준으로 설정이 들어온 경우에 해당한다.

3. 일부 해지 청구 시 업무처리

일부 환매(해지) 청구일(당일)

환매 청구가 들어온 날은 E-SAFE 프로그램에서 승인만 하면 됩니다.

`E-SAFE 〉 펀드설정환매 〉 펀드환매 〉 환매승인 〉 환매청구승인(500091)`

환매 대금 확정일[***]

환매 대금의 확정일은 펀드별로 상이하므로 신탁계약서에 명시된 환매 대금 확정일을 반드시 확인해야 합니다. 환매 대금 확정일에는 기준가격을 반영하여 수익자에게 돌려줄 환매 대금을 확정합니다.

실무 꿀팁

환매대금 확정일 신탁계약서 예시

제24조(환매가격 및 환매방법)
① 수익증권의 환매가격은 수익자가 판매회사에 환매를 청구한 날부터 제7영업일(15시 30분 경과 후에 환매청구시 제8영업일)에 공고되는 기준가격으로 한다.
→ 환매대금 확정일이란, 수익자는 환매대금 확정일의 기준가격으로 수익증권 좌수만큼 환매대금을 받게 됩니다. 여기서, 환매를 청구한 날부터 제 7영업일이라 함은 T+6일을 의미합니다.
② 제23조의 규정에 따라 환매청구를 받거나 환매에 응할 것을 요구 받은 집합투자업자(집합투자재산을 보관·관리하는 신탁업자를 포함한다)는 수익자가 환매를 청구한 날부터 제8영업일(15시30분 경과 후에 환매청구시 제9영업일)에 판매회사를 경유하여 수익

[***] 위 예시는 3시 30분 이전에 환매 청구가 들어오고(Late 청구 비대상), 금액 기준으로 환매가 들어온 경우에 해당한다.

마감 업무, 펀드회계의 하루를 완성하는 시간

자에게 환매대금을 지급한다.

→ 환매대금 결제일(지급일)이란, 수익자가 환매를 청구하여 그 대금을 지급받는 날을 말하며 제 8영업일이라 함은 T+7일을 의미합니다.

③ 판매회사는 제2항의 규정에 의하여 집합투자업자 또는 신탁업자로부터 지급받은 환매대금에서 환매수수료 및 관련세금 등을 공제한 금액을 수익자에게 지급한다.

④ 환매대금은 투자신탁재산으로 보유중인 금전 또는 투자신탁재산을 매각하여 조성한 금전으로 지급한다. 다만, 이 투자신탁 수익자 전원의 동의를 얻은 경우에는 이 투자신탁재산으로 지급할 수 있다.

⑤ 제41조제1항제2호(투자신탁의 해지)의 규정에 의하여 수익증권 전부에 대한 환매의 청구를 받아 투자신탁을 해지하는 경우 제1항의 기준가격은 투자신탁의 해지일에 제32조의 규정에 의한 상환금의 산정을 위하여 산출되는 기준가격으로 적용하며, 제2항의 환매대금은 제32조의 상환금 지급일에 지급한다.

① E-SAFE 프로그램에서 환매 대금 확정 승인을 합니다.

E-SAFE 〉 펀드설정환매 〉 펀드환매 〉 환매승인 〉 환매대금승인(500090)

② 승인한 자료를 다운로드 또는 수기 입력하여 사무수탁사 프로그램에 입력합니다. (펀드회계 작업)

③ 사무수탁사 프로그램을 통해 환입/인출 운용지시를 합니다.

E-SAFE〉 펀드운용지원 〉 기타운용관리 〉 환입인출운용지시 〉 환입인출운용지시내역 (50296) 확인

④ 일부 해지 시, 성과 보수 대상 펀드라면 성과 보수를 비롯한 4대 보수를 지급해야 합니다(이 내용은 7장 주기별(분기) 업무 '6' 펀드 결산 및 4대 보수 지급철자 파트를 참조).

하루를 마무리하며: 마지막 체크는 필수!

최종 마감을 끝내고 나면, 예탁원의 총괄 마감현황(운용회사)(500051) 화면에서 미처리 건수 "0"인지 꼭 확인하세요. 이 숫자가 0건이면, '오늘 하루도 모든 일이 깔끔하게 끝났다'는 뜻이에요. 이 마지막 확인이 정말 중요해요. 혹시라도 처리되지 않은 건이 남아있으면, 다음 날 업무에 영향을 줄 수 있거든요. 그래서 저는 이걸 확인할 때마다 '정말 하루가 끝났구나' 싶으면서도 안심이 돼요.

이제 모든 걸 마쳤으니, 안심하고 퇴근하세요. 오늘도 고생 많으셨어요!

6장

주기별(월)
업무

지금까지는 하루 동안 운용지원 펀드회계 담당자가 어떤 일을 하는지 살펴봤어요. 업무 하나하나를 따라가며, '아, 이렇게 돌아가는구나' 하는 감이 조금 잡히셨을 거라 믿어요.

이번에는 한 걸음 더 나아가서 매월 반복적으로 진행되는 업무를 알아볼게요. 하루 업무와는 또 다른 리듬과 디테일이 있거든요.

운용사의 자산 운용 전략에 따라 세부적인 업무는 조금씩 다를 수 있어요. 하지만 대부분의 운용사가 공통적으로 수행하는 월간 업무들이 있어요. 이 작업들은 매달 빠지지 않고 반복되기 때문에, 흐름을 잘 이해하고 익숙해지는 것이 중요합니다.

자, 이제 월간 업무의 세계로 천천히 들어가 봅시다. 하나씩 풀어나가면 어느새 '이런 일도 이제 익숙해졌네!' 하는 순간이 올 거예요. 시작해 볼까요?

1. 금융감독원 월 마감 보고서

* 월 단위의 마감과 보고

펀드회계와 운용사의 고유회계는 매월 **월 단위 마감**을 통해 재무 데이터를 확정합니다. 마감된 데이터를 바탕으로 펀드의 **재무제표와 보고서**를 작성하며, 이 보고서는 금융감독원에서 제공하는 보고서작성기 프로그램을 통해 정해진 기한 내에 제출해야 합니다. 보고서는 펀드의 운용 상황과 재무 상태를 명확히 보여주는 자료이기 때문에, 꼼꼼한 검토와 정확한 데이터 입력이 필수적입니다.

(※금융감독원 보고서 작성기에서 보고서의 종류는 수시, 월, 분기, 연간 보고서가 있으나 본 장에서는 월간 보고서를 중심으로 살펴본다.)

- 금융감독원 보고서작성기 프로그램 다운로드

> https://fines.fss.or.kr/index.jsp 접속 〉 프로그램 다운로드

- 보고서 작성 및 전송: 로그인 후 해당 보고서 월을 선택하여 작성한다.

실무 꿀팁

○ 타 운용사 홈페이지에 접속 〉 공시사항 〉 경영공시 〉 분기 영업보고서 등 타 운용사의 보고서 열람 가능하므로 참고하여 작성할 수 있습니다.

○ 보고서 작성 시, 차월부터는 '기 작성 내용 불러오기' 기능을 통해 지난 보고서를 불러올 수 있어 효율적으로 작성할 수 있습니다.

○ '작성요령' 버튼을 누르면 각 항목에 대한 설명을 참고하여 작성 가능합니다.

○ 보고서 작성 완료 후, 대분류 보고서끼리 상호 검증을 후 전송할 수 있습니다.

모든 보고서 전송을 마쳤다면, 미제출한 보고서가 없는지 확인할 수 있습니다(보고서 전송 텝 〉 제출 현황 내역 〉 해당 월 선택 후 조회 〉 하단에 미제출 보고서 "0건"인지 확인).

2. 은대 이자 환입처리

운용지원 펀드회계에서 은대 이자 수령은 매월 첫 영업일에 이루어지는 중요한 업무 중 하나입니다. 이는 펀드 계좌에 예치된 현금에 대해 발생한 이자를 수령하고, 이를 회계 처리하는 작업입니다.

이자는 펀드의 추가 수익원으로, 투자자들에게 안정적인 성과를 제공하는 데 기여합니다.

* 수탁은행으로부터 이자 지급

펀드의 현금은 수탁은행에 예치되며, 이로 인해 발생한 이자가 매월 첫 영업일에 지급됩니다.

- 이자율은 PBS 또는 수탁사별로 다르며, 기준금리에 따라 변동될 수 있습니다.
- 펀드 계좌로 입금된 이자는 해당 펀드의 수익으로 기록됩니다.

* 펀드회계 처리

- 이자 수익을 펀드의 재무 데이터에 입력하여, 펀드의 순자산가치(NAV)에 반영합니다.
- 회계 처리 시, 수익 내역을 꼼꼼히 검토하여 오류가 없도록 합니다.

실무 꿀팁

은대이자 환입처리 프로세스는 사무수탁사마다 상이하므로 사무수탁사에 문의합니다.

사무수탁사 프로그램을 통해 환입/인출 운용지시를 하고, 이를 E-SAFE 〉 펀드운용지원 〉 기타운용관리 〉 환입인출운용지시 〉 환입인출운용지시내역(510296)에서 확인합니다.

---

3. 이해관계인 리스트

운용지원 펀드회계 담당자는 매월 첫 영업일(영업일이 아닌 경우 익일)에 이해관계인 리스트를 정리하여 신탁업자(PBS)에 공유합니다. 자본시장법은 펀드 운용의 공정성과 투명성을 확보하기 위해, 펀드와 특정 관계를 맺고 있는 개인이나 법인을 이해관계인 및 관계인수인으로 정의하고 있습니다. 이러한 이해관계인은 펀드 운용에 영향을 미칠 가능성이 있는 사람이나 단체로, 규정에 따라 관리됩니다.

규제 목적은 펀드의 자산 거래에서 이해충돌이 발생하지 않도록 관리하며, 펀드 자산의 공정한 운용을 보장합니다.

실무 꿀팁

이해관계인의 범위

자본시장법 제84조

제84조(이해관계인과의 거래제한 등)

① 집합투자업자는 집합투자재산을 운용함에 있어서 대통령령으로 정하는 이해관계인(이하 이 절에서 "이해관계인"이라 한다)과 거래행위를 하여서는 아니 된다. 다만, 집합투자기구와 이해가 상충될 우려가 없는 거래로서 다음 각 호의 어느 하나에 해당하는 거래의 경우에는 이를 할 수 있다.

자본시장법 시행령 제84조(이해관계인의 범위) 4항, 5항 참조

4. 집합투자업자가 운용하는 전체 집합투자기구의 집합투자증권(「국가재정법」 제81조에따라 여유자금을 통합하여 운용하는 집합투자기구가 취득하는 집합투자증권은 제외한다)을 100분의 30 이상 판매/위탁판매한 투자매매업자 또는 투자중개업자(이하 이 관에서 "관계 투자매매업자/투자중개업자"라 한다)

5. 집합투자업자가 운용하는 전체 집합투자기구의 집합투자재산의 100분의 30 이상을 보관/관리하고 있는 신탁업자. 이 경우 집합투자재산의 비율을 계산할 때 다음 각 목의 어느 하나에 해당하는 집합투자기구의 집합투자재산은 제외한다.

4. 수수료

* 펀드결제 수수료

예탁결제원에 지급하는 수수료로 전월 1일부터 말일까지 쌓인 수수료를 매월 10일 (영업일이 아닌 경우 익일) 펀드에서 지불하는 비용입니다.

실무 꿀팁

매월 0.025%의 수수료율로 지급하며, 1,000원 미만 시 납입이 면제됩니다.

환입/인출 운용지시를 통해 지급하며, 처리 방법은 사무수탁사마다 상이하므로 사무수탁사에 문의합니다.

E-SAFE 〉 펀드운용지원 〉 공통정보관리 〉 펀드결제수수료 〉 월수수료산정/고지내역 (510318)과 금액의 일치여부를 확인합니다.

---

* 채권평가 수수료

펀드의 운용전략 상 채권을 운용하는 경우라면 먼저 채권을 평가하기 위한 채권평가사와의 계약을 맺어야 합니다. 채권평가사는 평가의 공정성을 위해 반드시 2곳 이상 계약을 체결해야 합니다.

평가에 대한 수수료를 지급하는 업무이며, 매월 15일(영업일이 아닌 경우 익일) 처리합니다. 환입/인출 운용지시를 통해 예탁결제원에 운용지시서를 송신함으로 수탁은행에 채권평가수수료 내역을 전달합니다. 실질적인 출금 집행은 수탁은행에서 처리합니다.

5. 수익자 수(100인 이하) 관리

현재 자본시장법에서는 사모펀드의 투자자 수를 100인 이하로 지정하고 있습니다. 단, 일반투자자는 49인 이하고 지정하고 있습니다. 또한 수익자 수가 1인 이하가 되는 경우 펀드를 해지하도록 규정하고 있습니다(펀드는 2인 이상의 투자자로부터 자금을 모으는 것이기 때문). 그러므로, 매월 1회 판매사에 요청하여 수익자의 수를 체크하여 법에서 정하는 수를 초과하거나 미달하지 않도록 관리하는 것이 중요합니다. 수익자는 판매사를 통해 펀드에 가입하므로, 명부를 판매사에서만 알고 있습니다. 그러므로 판매사를 통해 수익자 수를 공유 받고 확인해야합니다.

실무 꿀팁

자본시장법 제9조 19항

⑲ 이 법에서 "사모집합투자기구"란 집합투자증권을 사모로만 발행하는 집합투자기구로서 대통령령으로 정하는 투자자의 총수가 대통령령으로 정하는 방법에 따라 산출한 100인 이하인 것을 말하며, 다음 각 호와 같이 구분한다.

자본시장법 시행령 제14조

① 법 제9조제19항에서 "대통령령으로 정하는 투자자"란 다음 각 호에 해당하지 아니하는 투자자를 말한다.

1. 제10조제1항 각 호의 어느 하나에 해당하는 자

2. 제10조제3항제12호·제13호에 해당하는 자 중 금융위원회가 정하여 고시하는 자

② 법 제9조제19항 각 호 외의 부분에 따른 사모집합투자기구의 투자자 총수는 다음 각 호의 구분에 따른 투자자의 수를 합산한 수로 한다. 이 경우 투자자의 총수를 계산할 때 다른 집합투자기구(제80조제1항제5호의2에 따른 사모투자재간접집합투자기구,

같은 항 제5호의3에 따른 부동산/특별자산투자재간접집합투자기구 또는 같은 호 각 목의 어느 하나에 해당하는 집합투자기구 등에 대한 투자금액을 합산한 금액이 자산총액의 100분의 80을 초과하는 「부동산투자회사법」 제49조의3제1항에 따른 공모부동산투자회사는 제외한다)가 그 집합투자기구의 집합투자증권 발행총수의 100분의 10 이상을 취득하는 경우에는 그 다른 집합투자기구의 투자자(제1항에 따른 투자자를 말한다. 이하 제3항에서 같다)의 수를 더해야 한다.

1. 법 제9조제19항제1호에 따른 기관전용 사모집합투자기구(이하 "기관전용사모집합투자기구"라 한다): 법 제249조의11제1항에 따른 무한책임사원 및 같은 조 제6항 각 호에 따른 유한책임사원

2. 법 제9조제19항제2호에 따른 일반 사모집합투자기구(이하 "일반사모집합투자기구"라 한다): 법 제249조의2 각 호에 따른 투자자

③ 제2항 각 호 외의 부분 후단에도 불구하고 그 집합투자기구를 운용하는 집합투자업자가 둘 이상의 다른 집합투자기구를 함께 운용하는 경우로서 해당 둘 이상의 다른 집합투자기구가 그 집합투자기구의 집합투자증권 발행총수의 100분의 30 이상을 취득(여유자금의 효율적 운용을 위한 취득으로서 금융위원회가 정하여 고시하는 경우의 취득은 제외한다)하는 경우에는 그 증권 발행총수의 100분의 10 미만을 취득한 다른 집합투자기구의 투자자의 수도 더해야 한다.

수익자 수 관리표 예시

수익자 구분		설정일 (결제일)	설정액	기준가	좌수	비율	수익자현황				수익자 카운트	
							전문투자자		일반투자자			
							법인	개인	법인	개인	전문	일반
투자자												
FoF												
합계												

7장

주기별(분기)
업무

이번에는 분기업무에 대해 이야기해 볼게요. '분기'라는 단어에서 눈치채셨겠지만, 이 업무는 1년에 4번, 즉 3개월마다 돌아오는 중요한 작업이에요. 매번 일정한 주기로 반복되지만, 그만큼 꼼꼼함과 책임감이 필요한 일이죠.

분기업무란 간단히 말하면, 펀드 운용의 3개월 치 성적표를 만드는 작업이에요. 펀드가 이 기간 동안 얼마나 잘 굴러갔는지 정리하고, 결과를 투자자나 감독 기관에 보고하는 게 핵심이죠.

이 과정에서는 펀드의 자산 내역, 운용 성과, 비용, 수익 등을 정확히 집계하고 문서로 정리해야 해요. 투자자 입장에서는 내가 맡긴 돈이 어떻게 운용됐는지 확인할 수 있는 중요한 자료이고, 감독 기관 입장에서는 펀드가 규정을 잘 준수하며 운용되고 있는지 점검하는 근거가 됩니다.

분기업무는 처음엔 조금 복잡해 보일 수 있지만, 차근차근 익히다 보면 나중엔 '이 정도는 문제없어!' 하고 자신감을 갖게 되는 작업이에요.

한번 시작해 볼까요?

1. 금융감독원 분기 마감 보고서

분기 단위의 마감과 보고(6장: 주기별(월) 업무 금감원 월마감 보고서 참조)

분기말 보고서는 45일 이내 보고하여야 하며, 무조건 익익월 15일까지가 아니므로 유의해야 합니다(분기말 이후 45일 이내이므로 익익월 14일이 될 수도 있습니다). 마감기한은 보고서 리스트에 표시되므로 반드시 확인해야 합니다.

2. 자산대사

자산대사란, 운용사와 수탁기관이 매월 1회 이상 사모펀드 운용사와 펀드 자산 목록 등 펀드의 자산 보유내역을 비교(대사)하여 신탁업자가 일치 여부를 점검하는 업무입니다. 이는 펀드의 원장(사무관리사 펀드회계 시스템)과 실제 수탁사가 보관하고 있는 자산이 일치하는지 여부를 판단하는 일이므로 매우 중요한 업무입니다.

수탁기관은 자산보유내역 불일치 등 특이사항이 있는 경우 즉시 판매사에 통지 및 금융감독원에 보고해야 합니다.

실무 꿀팁

집합투자업자는 기준일로부터 5영업일 이내에 자산대사 업무의 대상이 되는 일반투자자 대상 일반 사모 집합투자기구의 목록(이하 '대상 펀드 목록')을 확정하여 운용자산명세와 함께 신탁업자에게 전달하여야 합니다.

자산대사내역 전송 처리 방법은 사무수탁사마다 상이하므로 사무수탁사에 문의합니다.

E-SAFE 〉 비시장성자산 〉 자산대사 〉 자산내역상세조회(570003)에서 전송 내역을 확인 한다. 추후 매칭 결과가 '일치'인지 확인하면 완료

3. 관계인수인거래 신고

관계인수인과의 거래가 발생한 경우 금융투자협회를 통해 분기말 30일 이내 보고합니다. 관계인수인이란, 운용하는 펀드의 총규모의 30% 이상을 판매하는 판매사를 말합니다.

4. 자산운용보고서

자산운용보고서는 펀드의 운용 현황과 성과를 수익자(투자자)에게 전달하는 중요한 자료입니다. 운용사는 신탁계약서(규약)에 명시한 주기에 따라 자산운용보고서를 작성하여 수익자에게 보고해야 합니다.

* 자산운용보고서 작성

내용 구성

○ 펀드의 자산 내역: 주식, 채권, 기타 투자 자산

○ 운용 성과: 기준가격(NAV) 변동, 수익률 등

○ 비용 및 수익: 운용 수수료, 성과 보수, 기타 비용

○ 시장 상황 및 운용 전략: 펀드 성과에 영향을 준 주요 요인

주기 준수

보고 주기는 신탁계약서에 명시되어 있으며, 통상적으로 월간, 분기별, 반기별 또는 연간 단위로 이루어집니다.

주기를 준수하여 정기적으로 작성해야 하며, 투자자의 이해를 돕는 명확한 정보 제공이 중요합니다.

* 보고 절차

보고서 작성 완료 후 시스템 등록

작성된 자산운용보고서는 예탁결제원(E-SAFE) 시스템에 업로드합니다.

시스템에 등록된 보고서는 수익자에게 전달됩니다.

신탁업자의 확인을 거쳐 수익자에게 최종 전달

예탁결제원 E-SAFE 프로그램 로그인 후 공지사항에서 공지글을 검색할 수 있습니다.

게시 기간은 전체로 두고 검색합니다.

[자산운용보고서]로 검색하면 자산운용보고서 매뉴얼을 찾아볼 수 있습니다.

20240821145205749_일반사모운용사를_위한_자산운용보고서_교부지원_서비스_
안내_FN 파일을 다운로드.

출처: 한국예탁결제원 E-SAFE 프로그램 화면

5. 영업보고서 공시

분기마감이 완료되면, 펀드의 운용 성과와 재무 상태를 집계한 영업보고서를 작성합니다. 이는 금융감독원 보고서를 바탕으로 정리되며, 회사의 투명성을 보여주기 위해 매 분기마다 작성합니다. 작성된 보고서는 운용사의 공식 홈페이지에 공시하여 수익자들이 자유롭게 확인할 수 있도록 합니다.

분기 영업보고서는 투자자와 운용사 간의 신뢰를 연결하는 다리와도 같습니다. 이 과정에서의 꼼꼼함과 정직함이 펀드 운용의 투명성을 유지하는 데 기여합니다.

영업보고서 작성 과정

(1) 금감원 보고서 활용

- 분기마감 시 제출한 금융감독원 보고서를 기초로 하여, 영업보고서를 작성합니다.

- 보고서에는 펀드 운용 현황, 재무 데이터, 주요 성과 및 투자 전략 등을 포함합니다.

(2) 핵심 정보 정리

- 펀드 수익률과 주요 투자 자산의 변동 상황

- 해당 분기 동안의 시장 상황과 운용 전략

- 투자자에게 중요한 기타 정보 등

분기 영업보고서 공시(자사 홈페이지)

(1) 작성 완료 후 검토

- 작성된 보고서는 내부 검토를 거쳐 정확성과 완전성을 확인합니다.

- 투자자와 수익자 입장에서 필요한 정보가 포함되었는지 재점검합니다.

(2) 수익자 접근 가능

공시된 영업보고서는 수익자들이 언제든지 열람할 수 있도록 하여 펀드의 운용 성과와 상태를 명확히 이해하도록 돕습니다.

(3) 공시 준비

- 공시 방법: 협회발간본 집합투자업자공시/통계 실무가이드참조

- 금융투자협회 회원 가입 후 다음 절차를 진행합니다.

  https://www.kofia.or.kr/index.do

(4) 집합투자업자 공시통계 실무가이드 자료 다운로드

  업무지원 서비스 메뉴 접속

출처: 금융투자협회 공식 홈페이지

주기별(분기) 업무

공지사항 〉 집합투자업자 공시/통계 실무가이드 다운로드

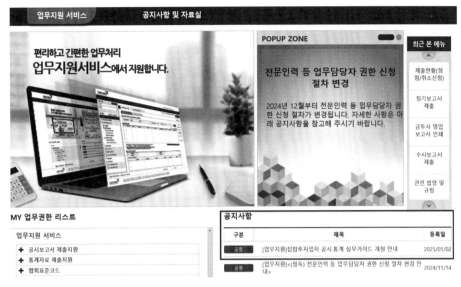

출처: 금융투자협회 공식 홈페이지 업무지원 서비스 화면

1. 분기영업보고서 FINES 다운로드

FINES 접속 > 보고서 작성 및 전송 > 제출 보고서 다운로드 > 업무보고서 > 해당 기준 연월 선택 > 전체선택 체크 > 다운로드 요청하여 금융감독원 보고서작성기에서 제출했던 보고서를 다운로드하여 저장합니다.

출처: 금융감독원 FINES 금융정보교환망 공식 홈페이지

2. 다운로드한 파일을 금융투자협회 제출 (※집합투자업자 공시 통계 실무가이드 28페이지 이하 참조)

집합투자업자는 분기말 이후 45일 이내에 분기보고서를 제출해야 합니다. 이는 자본시장법에 따른 의무 사항으로, 펀드 운용 현황과 재무 정보를 투명하게 보고하기 위한 중요한 절차입니다.

신생 운용사의 경우, 시스템에 제출 목록이 아직 생성되지 않은 경우가 있을 수 있습니다. 이 경우, 금융투자협회에 유선으로 문의하여 제출 목록 생성을 요청할 수 있습니다. 협회는 요청을 바탕으로 제출 목록을 생성해 주며, 이후 시스템에서 정상적으로 보고서를 제출할 수 있습니다.

금융투자협회 영업보고서 제출 화면

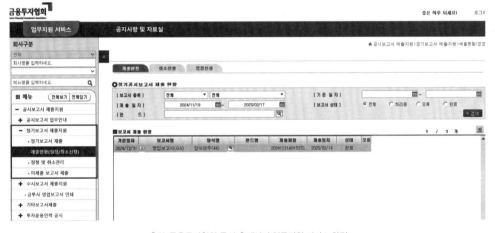

출처: 금융투자협회 공식 홈페이지 업무지원 서비스 화면

3. 제출한 영업보고서를 다운로드하여 인감날인 후 자사 홈페이지에 공시

협회에 제출한 영업보고서는 제출 후 다운로드하여 최종 확인을 거칩니다. 다운로드한 보고서는 PDF 형식으로 출력한 뒤, 운용사의 공식적인 서류임을 증명하기 위해 앞장에 인감 날인을 진행합니다.

인감 날인이 완료된 보고서는 운용사의 공식 홈페이지 공시사항에 업로드합니다.

실무 꿀팁

타 운용사 홈페이지에 접속하여 공시사항을 참고할 수 있습니다.

6. 펀드 결산 및 4대 보수 지급절차

이번에는 펀드 결산과 4대 보수 지급 절차에 대해 이야기해 볼게요. 펀드 결산은 한 해 동안의 운용 성과를 정리하고, 수익을 분배하는 중요한 과정이에요.

그런데 결산 주기는 펀드마다 다를 수 있어요. 1년에 한 번 결산하는 펀드도 있고, 반기마다 결산하는 펀드도 있어요. 결국 이건 신탁계약서에 어떻게 정해져 있느냐에 따라 달라지니, 반드시 계약서를 꼼꼼히 확인해야 해요.

4대 보수는 펀드 운용 과정에서 발생하는 운용보수, 신탁보수, 판매보수, 사무관리보수를 말하는데 보수지급 주기는 결산 주기와 꼭 일치하지 않을 수 있어요. 예를 들어 결산은 1년에 한 번 하지만 4대 보수는 분기마다 정산해서 지급하는 경우도 많아요. 그러니까 4대 보수 지급 일정도 신탁계약서를 통해 미리 확인해 두는 게 중요해요.

＊ 펀드 결산

펀드회계에서 펀드 결산은 펀드를 일정 기간 운용한 결과를 정리하고, 이익을 분배하는 중요한 작업입니다. 결산 후 기준가격은 1,000원으로 재설정됩니다. 펀드 결산 과정에서 기준가를 1,000원으로 맞추는 것은, 펀드가 처음 설정될 때 기준가가 1,000원으로 설정되는 것과 같은 개념입니다. 기준가를 1,000원으로 초기화함으로써, 다음 운용 주기에서의 성과를 명확히 평가할 수 있습니다. 투자자 입장에서도 펀드의 새로운 운용 시작과 성과를 직관적으로 이해하기 쉽습니다.

기준가가 1,000원 이상인 경우

펀드가 운용을 통해 이익을 실현한 경우, 모든 이익을 분배하고 기준가를 1,000원으로 다시 맞춥니다.

기준가가 1,000원 이하인 경우

결산 시, 펀드의 운용 결과가 기준가 1,000원에 미치지 못했다면, 그 기준가를 그대로 유지합니다.

신탁계약서에 명시된 결산 주기는 펀드의 특성과 운용 전략에 따라 다를 수 있으며, 계약서에 따라 정기적으로 수행하면 됩니다.

(1) **이익분배: 결산으로 이익을 분배할 때에는 현금으로 분배하는 '배당'과 이익금을 다시 투자하는 '재투자'의 방법으로 분배할 수 있습니다.**
- 배당: 판매사를 통하여 수익자에게 지급
- 재투자: 펀드에 추가 투자하는 것이므로, 추가설정과 동일하게 업무처리

(2) **성과보수: 성과보수는 신탁계약서에 미리 정한 방법으로 계산하되, 오차가 발생하지 않도록 운용사가 계산한 금액과 판매사가 계산한 금액을 계산하여 맞춰보는 대사 작업을 반드시 거치는 것이 좋습니다.**

또한 성과보수는 수익자에게 배분하기 전, 이익금에서 운용사에게 지급하는 것이므로 예탁결제원(E-SAFE) 프로그램을 통해 운용지시를 진행합니다.

펀드 결산 시, 기준가격은 Full 기준가를 적용합니다. Full 기준가는 소수점을 끊지 않고 끝까지 반영하여, 계산 과정에서 발생할 수 있는 오차를 최소화한 정확한 기준가를 뜻합니다.

결산 전 준비해야 할 일과 결산 당일 업무, 결산 익일 업무를 아래와 같이 구분할 수 있습니다.

(3) **4대 보수: 결산 시, 이익분배와 더불어 4대 보수를 지급하는데, 뒷부분에서 자세히 살펴보도록 합니다.**

〈결산 전일〉
○ 펀드별 결산 방식(재투자 및 배당)을 확인하여 사무수탁사에 공유
○ 결산 시에는 4대 보수 인출 및 이익분배금 배당이 예정되어 있으므로 사전에 현금 유동성을 확보

○ 필요시 자산매각 스케줄을 고려하여 결산 준비

○ 성과보수 지급 펀드의 경우 성과보수를 계산하여 판매사와 대사

○ 펀드별 결산에 관한 신탁계약서 조항 확인

〈결산 당일〉

사무수탁사와 결산내역 확인 후 결제자료 예탁원 송신

성과보수 금액 확정

〈결산 익일〉

예탁원 결산 내역 확인: 아래 두 화면 모두 확인하기

E-SAFE 〉 펀드설정환매 〉 기준가/분배정보 〉 분배금내역통보(500038)

E-SAFE 〉 펀드설정환매 〉 권리관리 〉 권리공통 〉 권리관련대금총괄현황(150127)

(1) 4대 정기보수 환인인출내역 확인

E-SAFE 〉 펀드운용지원 〉 기타운용관리 〉 환입인출운용지시 〉 환입인출운용지시내역(510296)

(2) 재투자분이 있을 경우 추가설정에 해당하므로, 추가설정 업무프로세스 시행

→ 판매사에서 예탁원 E-SAFE 프로그램에 설정청구 승인을 올려주면 승인

E-SAFE 〉 펀드설정환매 〉 펀드설정 〉 설정승인 〉 설정청구승인(500089)

→ 결산일 익일: 설정대금통보 승인하고, 자료 다운로드하여 펀드회계 시스템 반영

→ 예탁원 E-SAFE로 환입인출운용지시 전송 및 확인

E-SAFE 〉 펀드운용지원 〉 기타운용관리 〉 환입인출운용지시 〉 환입인출운용지시내역(510296)

→ E-SAFE 〉펀드설정환매 〉마감업무 〉총괄마감현황(운용회사)(500051) 미처리 건수 '0'건 확인

(3) 성과보수 있을 경우 예탁원 E-SAFE 승인

E-SAFE 〉펀드설정환매 〉참가자보수/수수료 〉성과보수승인(500106)

→ 성과보수 환입인출운용지시 입력

(4) 총괄마감현황 미처리건수 '0건'인지 최종 점검

E-SAFE 〉펀드설정환매 〉마감업무 〉총괄마감현황(운용회사)(500051)

* 4대 보수 운용지시

4대 보수란, 펀드 운용 과정에서는 4대 보수를 정기적으로 지급해야 합니다. 4대 보수란 운용보수, 신탁보수, 판매보수, 사무관리보수의 네 가지를 말하며, 이는 펀드 운용에 참여하는 각 이해관계자에게 지급되는 비용입니다.

(1) 운용보수: 펀드 운용의 대가로 운용사에 지급하는 수수료

(2) 신탁보수: 해당 펀드의 신탁업자에 지급하는 수수료(수탁은행에 은행업무를 재위탁하는 경우, 신탁보수에서 일부를 수탁은행에 지급)

(3) 판매보수: 해당 펀드의 판매사에게 지급하는 수수료

(4) 사무관리보수: 펀드회계 시스템을 운영하는 일반사무관리사에 지급하는 수수료

4대 보수는 펀드별 신탁계약서에 지급 시점이 명시되어 있습니다. 운용지원 담당자는 계약서를 확인하여, 보수 지급 일정에 맞추어 업무를 처리해야 합니다.

예를 들어, 설정 일로부터 매 3개월마다 지급하며, 익일에 지급하기로 되어 있는 경우, 해당 지급일에 인출 운용지시를 내리면 됩니다.

4대 보수 지급은 관계사로부터 별도의 통지가 오지 않으므로, 운용지원 담당자가 지급

스케줄을 직접 관리해야 합니다.

(예시)

펀드 설정일: 2025. 01. 04

인출 주기: 설정 일로부터 매 3개월 마다

계산 기간: 2025. 01. 04. ~ 2025. 04. 03. (초일 산입, 말일 불산입)

인출 일자: 2025. 04. 04(보통 3개월째 되는 날의 익일이지만 신탁계약서 확인 필요)

8장

주기별(연간) 업무

자, 이번에는 연간업무에 대해 이야기해 볼게요. 하루, 분기처럼 반복되는 업무와는 또 다르게 연간업무는 말 그대로 1년에 한 번씩 돌아오는 작업이에요. 그래서 자주 하지는 않지만, 그만큼 중요한 작업들이 많답니다. 연간업무는 주로 한 해의 펀드 운용 성과를 정리하고, 다음 해를 준비하는 기반을 다지는 시간이라고 보면 돼요.

연간업무는 1년 동안의 펀드 운용 결과를 정리하고, 각종 보고서를 작성해 투자자나 감독 기관에 제출하는 작업이에요. 마치 학교에서 1년 동안 배운 내용을 바탕으로 학기말 성적표를 작성하고 발표하는 것과 비슷해요.

주요 작업들은 이렇습니다
- 펀드 결산: 펀드의 모든 자산, 수익, 비용 등을 확정하고 정리하는 작업.
- 재무제표 작성: 한 해 동안의 펀드 재무 상태를 보고하기 위한 문서 작성.
- 감독 기관 보고: 금융감독원 등 감독 기관에 결산 결과와 관련 자료를 제출.

연간 업무는 시간 관리가 중요해요. 한 번에 몰아치기보다는, 미리미리 준비하는 게 좋아요. 결산과 감사는 생각보다 시간이 많이 걸릴 수 있으니, 일정 관리를 철저히 해보세요. 연간업무는 여러 부서와의 협업이 필요한 경우가 많아요. 동료들과 적극적으로 소통하고, 필요한 도움은 아낌없이 요청하세요.
처음에는 연간업무가 양이 많다고 느껴질 수 있어요. 하지만 "이 과정에서 많이 배울 수 있다"는 마음가짐을 가지면, 새로운 지식과 경험이 쌓이게 될 거예요.

1. 연간 업무

* 금융감독원 연 마감 보고서

-연(年) 단위의 마감과 보고(※ 6장 '주기별(월) 업무 금감원 월마감 보고서' 참조)
연간 보고서의 마감기한은 보고서 리스트에 표시되므로 반드시 확인해야 합니다.

* 기말 예상배당 업무처리(12월)

펀드 운용에서 예상 배당액 업무는 기말(연말) 펀드가 보유한 주식(자산)으로부터 받을 배당액을 미리 고려하여, 이를 펀드의 미수배당금(자산)으로 반영하는 작업입니다.

배당액을 미리 펀드 자산에 반영하는 이유는, 배당락일에 발생할 수 있는 기준가격 하락 현상을 방지하기 위해서입니다.

- 배당락일: 배당을 받을 권리가 확정된 뒤, 주식의 평가금액이 일시적으로 하락하는 현상을 말합니다.
- 미수배당금 반영: 예상 배당액을 자산으로 미리 계상하면, 주식 평가금액의 하락이 기준가격에 영향을 미치지 않도록 조정할 수 있습니다.

* 의결권 행사 공시(4월)

매년 4월, 운용사는 한국거래소에 의결권 행사 공시를 합니다. 이는 펀드가 보유한 주식의 의결권을 적극 행사하여, 투자자들의 이익을 최대화하려는 노력을 보여주는 중요한 과정 입니다.

- 공시 대상: 펀드별 자산 총액의 5% 또는 100억 원 이상 보유 주권 상장법인.
- 공시 내용: 펀드가 행사한 의결권의 구체적 내용, 자산운용사의 의결권 행사 내부 지침, 펀드별 소유 주식수, 운용사와 의결권 행사 대상 법인 간 관계 등을 명시하도록 되어있습 니다.
- 공시 방법: 한국거래소 홈페이지 공시

실무 꿀팁

홈 > 공시 > 의결권행사 공시

https://kind.krx.co.kr/

타 운용사의 공시내역을 볼 수 있으므로, 이를 참고할 수 있습니다.

출처: 한국거래소 기업공시체널 KIND

실무 꿀팁

공시 업무 꿀팁

(1) 보고 및 공시 기한 날짜를 계산

민법 제157조(기산일의 기산점): 초일 불산입 원칙(말일 산입 원칙)

(2) 공시 및 보고처 정리

- 금감원 전자문서교환 시스템(EDES) 및 FINES

- 금융투자협회 업무지원서비스 사이트

- 회사 홈페이지 또는 비치

- 한국거래소 공시처 등

연간업무는 한 해를 돌아보고 마무리하는 중요한 작업이에요. 이 과정을 통해 펀드가 더 안정적이고 투명하게 운용될 수 있답니다. 하나씩 해내다 보면 연간업무가 얼마나 보람 있는지 느끼게 될 거예요.

2. 업무분장표로 해야 할 일 한눈에 알아보기

업무주기	구분	세부 업무 내용
일, 월, 분기, 년	외국환보고(해당 시)	외국환 업무 인가를 받은 경우만, 외국환 거래내역이 없어도 해당 없음 보고서 전송 (분기말 보고서는 영업일과 무관하게 말일로 날짜를 선택하여 보고)
기말	예상 배당	예상 배당액 사무수탁사 통보
일간	은대 대사	수탁은행별 은대 확인
일간	Repo 운용	Repo 운용지시(해당 시)
매월 1일	은대 이자 수령	펀드별 잔고에서 발생하는 이자 수령
매월 1일	이해관계인 리스트	이해관계인 리스트 작성하여 신탁업자 메일 송부
매월 10일	펀드결제 수수료	펀드결제수수료 있을 경우 납부 처리
매월 10일	Repo 수수료	Repo 운용시에만 해당
매월 15일	채권평가수수료	채권평가수수료 내역 메일 송부
매월 20일	예탁수수료	예탁결제원 수수료 지급 처리

업무주기	구분	세부 업무 내용
월간	수익자명부 관리	수익자 수 카운팅(100인 이하)
월간	금감원보고서 작성기	익월 말까지(기한 확인필수)
분기	금감원보고서 작성기	분기말 45일 이내(기한 확인 필수)
분기	자금순환통계표	자금순환통계표 작성 및 고유계정 해당분 취합하여 한국은행 메일 송부
분기	자산대사	분기말 이후 일주일 내 자산대사 내역 통보
분기	관계인수인 거래신고	분기말 이후 30일 이내 금융투자협회 신고
분기 또는 해당 주기	자산운용보고서 일정확인	E-SAFE 자산운용보고서 일정 확인 (확인 여부 체크 후 저장)
분기 또는 해당 주기	자산운용보고서 업로드	E-SAFE통해 업로드 후 판매사를 통해 수익자에게 전달
분기 또는 해당 주기	펀드 결산	펀드별 신탁계약서대로(결산일, 결산방식, 성과보수 유무, 분배금 지급일 등) 확인하여 결산 처리
분기, 반기	영업보고서	영업보고서 작성 및 자사 홈페이지 공시
반기	회계감사	반기별 회계감사 요청자료 대응

주기별(연간) 업무

업무주기	구분	세부 업무 내용
반기	중개회사 선정	회사 내부 관리 지침에 따라 운영
연간	의결권행사 공시	한국거래소 KRX공시-주주총회 의결권 행사내역
수시	금융감독원 변경보고서	펀드 및 운용사 변경사항 발생 시 펀드별 변경보고서 제출
수시	기준가격	기준가격 체크
수시	증권사별 계좌관리	증권사별 공모주 계좌 관리(약 20~30개 증권사)
수시	성과보수, 운용보수 입금	성과보수 또는 운용보수 입금 시 고유회계 측에 금액 통보
수시	펀드별 자금체크	펀드별 자금 잔고 체크(현금 흐름 체크)

신생 운용사
To Do

운용사를 처음 설립하면 "도대체 뭘 먼저 해야 하지?" 하고 막막해질 수 있어요.

사이트 가입부터 각종 서류 제출까지 할 일이 한두 가지가 아니거든요. 하지만 걱정하지 마세요! 제가 하나씩 차근차근 알려드릴게요.

필수적인 절차를 따라가다 보면, 어느새 안정적으로 운용사를 운영할 준비가 완성될 거예요.

1. 금융위원회 금융투자업 인허가 등록

먼저 금융투자업을 영위하기 위하여 금융위원회의 인가를 받아야 한다.

인가 단위는 자본시장과 금융투자업에 관한 법률 시행령 [별표1, 3]에 의한다.

■ 자본시장과 금융투자업에 관한 법률 시행령 [별표 3] 〈개정 2021. 10. 21.〉

등록업무 단위 및 최저 자기자본(제20조제1항 및 제21조제2항 관련)

(단위: 억원)

등록업무 단위	금융투자업의 종류	투자대상자산의 범위	투자자의 유형	최저 자기자본
3-14-1	일반 사모집합투자업	법 제229조제1호부터 제5호까지의 규정에 따른 집합투자기구	법 제249조의2에 따른 적격투자자	10

출처: 자본시장과 금융투자업에 관한 법률 시행령 [별지3] 참조

[금융위 등록증 샘플]

제2023 - 호

금 융 투 자 업 등 록 증

○ 회 사 명　 :

○ 대 표 자　 :　　　　　　　　(생년월일 :　 년 월 일)

○ 본점 소재지 :

○ 등 록 업 무　 :

○ 등 록 조 건　 :　해당사항 없음

「자본시장과 금융투자업에 관한 법률」 제18조에 따라 금융투자업 업무를 등록합니다.

2023년　월　일

금 융 위 원 회

2. 금융감독원 가입

* EDES

금융감독원 전자문서교환 시스템 회원가입 필수

https://edes.fss.or.kr/login.do

- 사이트 접속 후 회사 등록 실시

출처: 금융감독원 EDES 공식 홈페이지

- 신청서를 다운로드하여 작성 후 제출

- 아이디 발급 후 사용 〉 같은 아이디로 FINES 시스템 이용

 (https://fines.fss.or.kr/login_ok.jsp)

- 주로 금감원에 공문서 등록을 위해 사용하는 사이트

출처: 금융감독원 EDES 공식 홈페이지

✳ FINES

FINES 금융정보교환망

https://fines.fss.or.kr/login_ok.jsp

사용자 등록 안내 페이지 참조

출처: 금융감독원 FINES 공식 홈페이지

- 주로 설정/해지 보고서 작성 및 CPC 업무를 위해 사용하는 사이트

- 금융감독원 보고서 작성기 프로그램 다운로드 가능

출처: 금융감독원 FINES 공식 홈페이지

금융감독원 EDES 및 FINES 시스템 가입 총정리

https://edes.fss.or.kr/login.do

https://fines.fss.or.kr/index.jsp

(1) 문서관리 대표 책임자 가입 및 아이디 발급 〉신청서 작성 제출

(2) 대표 관리 책임자가 다른 사용자 아이디 발급 가능

3. 금융투자협회

* 회원가입

금융투자협회 홈페이지 접속 > 회원 가입 클릭

회원가입: 업무 담당자 등록 > 인증서 등록 > 회원가입 완료

출처: 금융투자협회 공식 홈페이지

* 금융투자협회 소속회사(권한) 변경(이직 시)

- 기존 소속회사 ID, PW로 공동인증서 재발급 후 로그인합니다.

- 금융투자협회 〉 업무지원 〉 업무정보관리 〉 소속회사 및 권한관리 접속합니다.

- 소속회사 변경 클릭 〉 이직 후 회사로 변경합니다.

- 변경 전에 보유하고 있던 권한 캡처한 후, 이직 후 회사에 동일한 〈보유권한〉 부여

- 소속회사를 수정한 후 업무 권한 연장 신청으로 들어가면 기존에 보유하던 권한을 그 대로 신청할 수 있습니다.

- 업무 권한 신청 후 업무 담당자가 승인하면 완료됩니다.

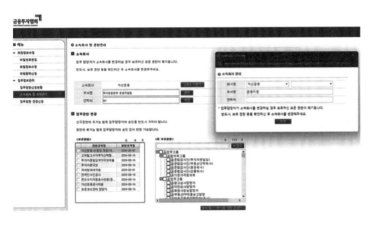

출처: 금융투자협회 공식 홈페이지

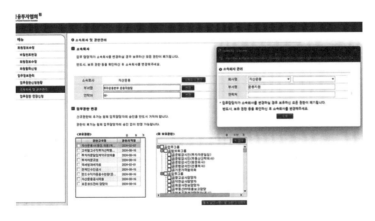

출처: 금융투자협회 공식 홈페이지

4. 신생 운용사 예탁원 E-SAFE 신규 가입

가입 절차

예탁결제원 홈페이지 접속 > 양식/서식 > 계좌개설 검색 > 계좌개설 및 업무 참가 신청서
다운로드 > 계좌 유형별+서류작성+안내zip 파일 다운로드 > 자산운용사 등 일반 사모
집합투자업자 계좌개설 서류 안내 목록 다운로드 후 해당 서류 검색하여 작성

https://www.ksd.or.kr/ko/

출처: 한국예탁결제원 공식 홈페이지

<자산운용사 등 일반사모집합투자업자 계좌개설 서류안내>

업무명	서류
1. 고객등록 신청 ※ 기등록고객 생략	사업자등록증 사본 FAX 송부(FAX 번호 : 02-3774-3089)
2. 계좌개설서류 (운용지시 계좌 및 발행인관리계좌)	**[필수제출]** **(1) 계좌개설 및 업무참가 신청서**(법인인감 날인) 　① 계좌종류 및 유형 : 단순시스템 이용 > 집합투자 　② 업무참가 신청 : 참여하고자 하는 업무 체크 **(2) (등-1-516) 전자금융거래 이용약관 1부** **(3) (11-04) 집합투자업자의 운용지시대리인 지정·취소 신청서** 　① 본인에 관한 사항 : 계좌명에 법인명 기재 　② 운용지시대리인에 관한 사항 : 계좌명에 업무대리인 회사명 기재 **(4) 붙임서류**(사업자등록증 사본1부, 법인인감증명서 원본 1부, 법인등기부등본 1부) **[회사 설립 따른 최초 계좌개설 시 필수 추가서류]** **(5) 금융위원회 일반사모집합투자업 인가 공문 사본 및 등록증 사본**(원본대조필 날인 ✎) 　※ 약관(약정서) 및 신청서 마지막 페이지에 법인인감 날인 필수 **[선택제출]** 참가서비스 약정서 제출(약관 및 약정서에 간인 또는 인감 날인) ■ 서비스명 / 필요 약관명 표 아래 참조 　※ 약관(약정서) 및 신청서 마지막 페이지에 법인인감 날인 필수

서비스명 / 필요 약관명

서비스명	필요 약관명
대차	대차거래의 중개 등에 관한 약관(02-07)
REPO	환매조건부매매거래에 관한 약정서(02-08)
의결권종합지원서비스	(집합투자업자용) 의결권종합지원서비스 참가 약정서(15-02)
장외파생상품담보관리	장외파생금융상품거래 담보관리업무 약정(13-01)
비시장성투자지원	비시장성자산 투자지원 서비스 이용 약관(18-01)
자산운용보고서	자산운용보고서의 교부지원 서비스에 관한 이용약관(21-01)
상시감시	집합투자재산 관련 자료제출 업무 위탁서(11-05)

업무명	서류
3. 발행인관리계좌 개설 서류	■ **발행인관리계좌 개설 및 업무참가 신청서**(법인인감 날인) 　- 발행인관리계좌 개설 및 업무참가 신청 : 회사명 기재, 집합투자증권 전자등록 체크
4. 인증서 신청 (최소 2인 발급)	**(1) e-SAFE용 인증서 신청서** (e-SAFE를 이용할 사용자가 신청서 각각 작성) **(2) 붙임서류** 　① 사업자등록증 사본 1부 　② 법인인감증명서 원본 1부 　③ 인증서 발급대상자 및 방문자 신분증 사본 1부
5. 펀드종목 등록-조회 업무	■ **증권정보서비스 업무권한 신청서** 　- 개인(신용)정보활용 동의서 　- 사업자등록증 사본 　- 법인인감 증명서 ■ **담당부서 : 펀드업무부 설정환매팀** 　**- 담당자에게 원본 우편 발송** 　[부산광역시 남구 문현금융로 40 BIFC 한국예탁결제원 　펀드업무부 설정환매팀]으로 직접송부

업무명	서류
6. 사용자등록	■ **e-SAFE 사용자신고 등 제신청서** (법인인감 날인 후 법인인감증명서 1부 첨부)

항목	내용
① 사용자등록	- 변경 후 사용자 칸에 인증서 발급한 책임자 1명 필수 기재 　: 2인 이상 발급 시, 책임자 1명 – 담당자 n명 기재 - 개인정보 동의서 : 사용자별로 각각 작성 후 제출
② 공인IP 등록	- 공인IP 등록칸에 내용 기재(등록된 공인 IP를 통해서만 　e-SAFE 시스템 이용 가능)
③ OTP 발급	- [1. 사용자 등록]에 기재한 책임자 기재 - 발급 : 책임자 등록에 체크 및 신청자 날인

업무명	서류
7. 전자등록업무 사용자신고	■ **전자등록업무 사용자신고등 제신청서** (법인인감 날인 후 법인인감증명서 1부 첨부) ※ 발행인관리계좌 개설 및 업무참가 신청 시, 사용인감을 등록한 경우 사용인감 날인 가능 ※ 서류 상단에 약관 동의란에 체크(필수)

항목	내용
① 사용자신고	- 변경 후 사용자 칸에 인증서 발급한 책임자 1명 필수 기재 　: 2인 이상 발급 시, 책임자 1명 – 담당자 n명 기재 - 개인정보 동의서 : 사용자별로 각각 작성 후 제출
② 발행인의 업무권한 신청	- 집합투자증권 전자등록 신규 체크

※ 모든 서류는 한국예탁결제원 홈페이지(www.ksd.or.kr)에서 출력 후 작성하시기 바랍니다.

출처: 한국예탁결제원 공식 홈페이지

※ 모든 서류는 한국예탁결제원 홈페이지(www.ksd.or.kr)에서 출력 후 작성하시기 바랍니다.

서식	위치
계좌개설 및 업무참가신청서	양식/서식 → 업무참가 탭 → 계좌개설 및 업무참가 신청서 게시물 클릭 → 파일다운로드
약관 및 약정서	
전자금융거래 이용약관 사본	※ 양식/서식에 서식명 검색도 가능합니다.
발행인관리계좌 개설 및 업무참가 신청서	양식/서식 → 업무참가 탭 → 발행인관리계좌 개설 및 업무참가 신청서 게시물 클릭 → 파일다운로드
전자등록업무 사용자신고등 제신청서	
e-SAFE용 인증서 신청서	양식/서식 → 업무참가 탭 → e-SAFE용 인증서 신청서 클릭 → 인증서 발급 관련 매뉴얼 참고
e-SAFE 사용자신고 등 제신청서	양식/서식 → 업무참가 탭 → e-SAFE 사용자신고 등 제신청서 게시물 클릭 → 파일다운로드
증권정보서비스 업무권한신청서	양식/서식 → 업무참가 탭 → 검색창에서 '증권정보' 검색

출처: 한국예탁결제원 공식 홈페이지

신생 운용사 To Do

KSD 한국예탁결제원

계좌개설 및 업무참가 신청서

계좌번호	
계 좌 명	

한국예탁결제원 귀중

- 한국예탁결제원에 아래의 계좌개설 및 업무참가를 신청함에 있어 「자본시장과 금융투자업에 관한 법률」, 「주식·사채 등의 전자등록에 관한 법률」 등 관련 법령, 한국예탁결제원의 관련 규정, 해당 업무에 관한 제약관(향후 제·개정되는 것을 포함한다), 처리관행 및 조치사항 등을 준수할 것을 확약합니다.
- 한국예탁결제원과의 업무처리에 필요한 예탁결제정보통신망(e-SAFE)에 참가하며, 「전자금융 거래 이용약관」(향후 제·개정되는 것을 포함한다)을 교부받아 그 내용을 확인하고 이해하였으며, 해당 약관을 준수할 것을 확약합니다.

☐ 위 내용에 대하여 동의합니다.(필수)

1. 계좌개설 신청 (신청사항에 ✓ 하십시오)

계좌종류	계좌유형
☐ 전자등록(예탁)계좌	[자기분] ○투자매매(일반) ○투자매매(비과세) ○금융기관고객담보 ○투자일임재산(자체보관) ○투자매매(대차담보거래) ○투자매매(재Repo) [고객분] ○투자증권(일반) ○투자일임재산(수탁) ○투자일임(Repo) ○외국인재산(상임대리) ○구법투자일펀드재산 ○투자증권(펀드판매) ○투자증권(외화증권 소수단위 전용계좌)
☐ 외화증권예탁계좌	[신탁분] ○신탁재산(일반) ○신탁재산(국내주식 소수단위) [자기분,고객분] ○투자매매·중개(일반) ○투자매매·중개(선물대응) ○투자매매·중개(펀드판매) ○투자매매·중개(의무보유) [신탁분,고객분] ○집합투자재산 ○집합투자재산(PB)
☐ 보호예수계좌	○보호예수
☐ 단순시스템이용	○집합투자 ○일반사무관리 ○투자일임고객 ○계좌관리대리인 ○기타 ○판매사업무대리인 ○투자일임예매확인 ○퇴직연금운용관리 ○온라인증개업자 ○무위험지표금리 산출공시

- 전자등록(예탁)계좌는 투자증개(외화증권 소수단위 전용계좌)만 계좌유형 선택불가
- 외화증권예탁계좌는 금융기관고객담보,투자매매(재Repo),외국인재산(상임대리),투자매매·중개(선물대응),투자매매·중개(펀드판매), 투자증권(펀드판매), 투자매매·중개(의무보유) 계좌유형 선택불가
- 투자증권(펀드판매) 계좌유형은 비거주외국법인에 한하여 개설 가능

2. 업무참가 신청 (전자등록(예탁)계좌 개설자 또는 단순시스템이용자에 한하여 해당사항에 ✓ 하십시오)

☐ 증권시장결제	☐ K-OTC결제	☐ 전자증권증개시장결제

☐ 기관투자자결제
- ○주식결제 : ○거래소(○결제◇매매전문)회원 ○일반기관투자자 ○외국인재산보관기관
- ○채권(CD,CP포함)결제 : ○결제회원(○투자매매증개업자(종합금융회사포함)) ○일반기관투자자) ○결제대리인

☐ 집합투자(투자일임)재산 운용지원

☐ 대차거래	☐ 환매조건부(REPO)매매결제	☐ 일종RP
○참가자　　○집합투자업자 ○신탁업자(투자일임재산) ○전담증개인 ○대차담보거래	○참가자 ○집합투자업자 ○외화전용Repo참가자	상환이병증권예입계좌번호 : 계좌명 :

☐ 집합투자증권설정환매
○판매회사　○정식판매회사　○집합투자업자　○일반사무관리자　○신탁업자　○계좌관리대리인　○판매사업무대리인

☐ 장외파생금융상품 담보관리	☐ 의환정보관리	☐ 상시감시
○참가자　○집합투자업자	○집합투자업자　○판매회사	○집합투자업자 ○일반사무관리 ○신탁업자

☐ 자산운용보고서 / 자산보관·관리보고서 통합 관리	☐ 투자일임 매매확인
○집합투자업자　○판매회사　○신탁업자　○일반사무관리회사	○투자일임업자　○일반사무관리

☐ 의결권통합지원서비스	☐ 중앙기록관리	☐ ETN일반사무관리(권리)
○집합투자업자　○의결권자문기관	○온라인증개업자　○계좌관리기관	○일반사무관리회사

☐ 특적연금운용지원	☐ 특적연금상품거래	☐ 연금계좌이체
○운용관리기관　○자산관리기관	○자산관리기관　○상품제공기관	○운용관리기관

☐ 개인종합자산관리계좌 관리 지원서비스	☐ 담보물거래
○계좌취급기관(투자일임업자,신탁업자) ○상품제공기관 ○계좌관리대리인(투자증개업자)	○참가자　○집합투자업자　○증개회사

☐ 비시장성자산 투자지원	☐ 무위험지표금리 산출공시
○집합투자업자 ○신탁업자 ○일반사무관리회사 ○계좌관리대리인	○기초자료제출기관　○무위험지표금리 정보이용기관

☐ 벤처투자지원	☐ 국내주식 소수단위 거래
○수탁기관　○일반사무관리회사　○증권회사	○위탁자　○수탁자

- 신탁업자는 집합투자재산 또는 투자일임재산을 보관하는 자로서 집합투자재산, 투자일임재산(수탁), 투자일임재산(자체 보관) 계좌유형의 전자등록(예탁)계좌를 개설한 자를 말합니다.
- 집합투자업자 등에는 집합투자업자, 투자일임업자, 기관전용사모펀드 업무집행사원(GP) 등을 포함합니다.
- 상환물이병증권 예입계좌번호/계좌명은 한국은행이 기재하는 사항입니다.

출처: 한국예탁결제원 공식 홈페이지

이직자의 경우

- 이전 회사 책임자(대부분 준법감시인 또는 대표이사)에게 권한 해지를 요청

E-SAFE 접속 〉 사용자 관리 〉 사용자 해지 신청 〉 이름 클릭 후 하단 [해지신청] 클릭하면 완료

- [집합투자증권 정보등록 권한 해지] 양식을 작성하여 부산 본사로 원본 등기송부 후, 해지 완료 여부 확인(예탁결제원 펀드 업무부 문의)

- 해지가 완료되면 당사자에게 문자 발송, 해지 완료 후 이직한 회사에서 다시 권한 신청서 작성 후 부산 본사로 원본 등기 발송

- 대부분 신생 운용사의 대표님들은 E-SAFE 이용 경험이 있으시기 때문에 사용자 권한 및 법인권한이 다른 운용사에 들어가 있는지 확인 / 권한 있으면 해지요청

- 아이디를 잊어버린 경우: https://e-safe.ksd.or.kr/index.html 접속 〉 회원정보 관리 〉 아이디 찾기

5. 신입사원 입사 시 해야 할 일

- 예탁원 공동인증서 발급 및 E-SAFE 프로그램 설치

- 예탁원 메신저 설치

- 금융투자 협회 아이디 생성 및 인증서 발급

- 금감원 EDES/FINES ID 발급

- 사무수탁사 회계프로그램, 매매 프로그램 설치 및 아이디 발급

부록2

펀드회계/운용지원
담당자를 위한 꿀팁

펀드회계와 운용지원 업무를 맡고 있다면, 조금 더 잘할 수 있는 방법이 궁금하시죠? 업무를 효율적으로 처리하고, 꾸준히 발전하기 위해서는 기본적인 지식뿐 아니라 다양한 자료와 도구를 활용하는 것이 중요해요.

그래서 실무에서 도움이 되는 꿀팁과 참고할 만한 자원들을 정리해 봤어요.

1. 운용지원 담당자를 위한 꿀팁

* 협회교육 소개

https://www.kifin.or.kr/common/greeting/main.do

금융투자협회가 운영하는 금융투자교육원에서는 일반인 및 금융인을 위한 다양한 교육을 제공하고 있습니다.

사모운용사로 검색하여 백오피스 펀드세무회계 교육을 신청할 수 있습니다.

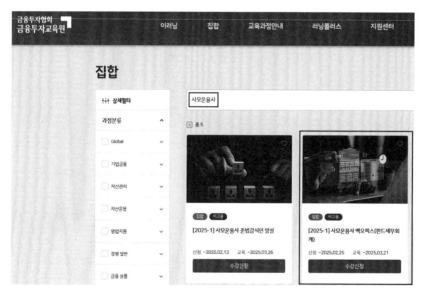

출처: 금융투자협회 금융투자교육원 공식 홈페이지

* 통계자료

https://freesis.kofia.or.kr/

다양한 금융상품의 통계자료를 찾아볼 수 있습니다.

* 금융감독원 홈페이지 활용하기

https://www.fss.or.kr/

금융감독원 홈페이지 업무자료 탭에는 실무자들에게 유용한 많은 게시글을 참고할 수 있습니다. 매뉴얼 및 변경되는 보고서 양식 등을 모두 볼 수 있다. 수시로 들어가서 모니터링하는 것을 권장합니다. 이메일로 금융감독원 보도 자료 및 소식을 받아 볼 수 있습니다.

금감원 홈페이지 > 보도/알림 > 뉴스레터 신청

출처: 금융감독원 공식 홈페이지

* 한국은행 발간 경제금융용어 700선 공부하기

한국은행 홈페이지 접속 > 뉴스/자료 > 업무별 정보 > 경제교육 > 경제금융용어 700선 (다운로드)

한국은행에서 일반인들을 대상으로 경제용어를 익힐 수 있도록 경제 및 금융용어에 대한 해설서를 내놓았습니다. 한 번 정독한다면 큰 도움이 될 것입니다.

✱ 법제처[자본시장법]

https://www.moleg.go.kr/

법제처 홈페이지 접속 > '자본시장' 검색 > 자본시장과 금융투자업에 관한 법률 클릭

법령 체계도

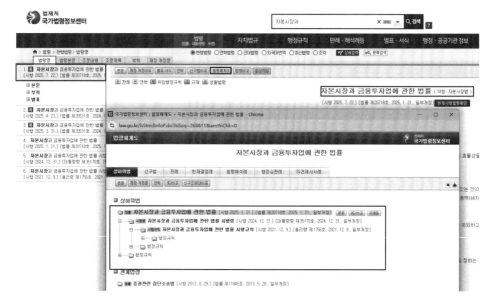

출처: 법제처 공식 홈페이지

* 한국예탁결제원 공지시항 놓치지 않기!

E-SAFE 〉로그인 〉메인 화면 〉공지사항 탭 클릭

자산운용사 운용지원 업무에 해당하는 공지사항을 필히 확인하여 업무에 반영

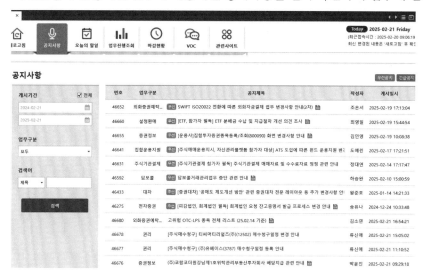

출처: 한국예탁결제원 E-SAFE 프로그램 화면

실무 꿀팁

자료 활용은 기본 중의 기본

위에서 소개한 자료와 사이트들은 모두 실무에 직접적인 도움을 주는 것들이에요. 적극적으로 활용하세요.

꾸준히 배우는 자세가 중요해요

펀드회계와 운용지원 업무는 변화가 많은 분야예요. 지속적으로 배우고 익히는 자세를 가지면, 더 자신감 있게 일할 수 있어요.

작은 습관이 큰 차이를 만듭니다

매일 10분 만이라도 관련 자료를 읽거나, 새로운 정보를 확인하는 시간을 가져보세요. 쌓이고 나면 큰 도움이 된답니다.

펀드회계 운용지원 업무에 필요한 자세

펀드회계 운용지원 업무를 하면서 자연스레 깨닫게 된 몇 가지가 있다. 이 직무는 실수를 줄이고, 효율적으로 업무를 처리하며, 정확도를 높이는 것이 무엇보다 중요하다. 그래서 스스로 시행착오를 겪으며 얻은 교훈들을 하나씩 정리해 보았다. 이 글이 조금이라도 누군가에게 도움이 되기를 바란다.

펀드회계와 운용지원담당자의 10가지 태도

1. 의심은 미덕이다

내가 작성한 숫자나 표가 완벽할 것이라고 생각하지 않는 것이 좋다. 숫자는 정직하지만, 사람이 다루는 것이니 실수가 생길 수밖에 없다. 그래서 항상 두 번, 아니 세 번씩 검토하는 것이 좋다. 검토할 수 있는 동료가 있다면 그 도움을 받는 것도 좋은 방법이다. '다시 한번 확인하기'는 결국 일을 완벽하게 만드는 시작이다.

2. 즐겁게 일하자

업무는 반복적일 때가 많다. 처음에는 새롭고 흥미롭던 일이 시간이 지나면 지루하게 느껴질 수 있다. 그런데 이 반복 속에서 '원래 하던 대로 하자'는 마음이 생기면 실수도 따라온다. 그래서 나는 '일을 즐기자'는 다짐을 한다. 내가 조금 더 흥미를 느끼고 집중할 수 있도록, 작은 목표를 세워보기도 하고 끝난 후 스스로에게 보상을 주기도 한다.

3. 소통이 중요하다

운용지원 업무는 동료들과의 협업이 많다. '알아서 했겠지'라는 생각은 가장 위험한 함정이다. 업무 누수는 대부분 여기서 생긴다. 예를 들어, 수요예측 후 마지막 날에 취소를 결정했을 때, A와 B가 서로 상대가 취소 접수를 했을 거라 믿고 넘어가면 큰 문제가 생길 수 있다. 작은 소통의 부재가 큰 혼란으로 이어질 수 있음을 항상 명심해야 한다.

4. 이타심을 가져야 한다

신생 운용사에서 혼자서 모든 일을 해낼 수는 없다. 도움을 받으려면 먼저 도움을 주는 사람이 되어야 한다. 수탁사, 판매사, 사무관리사 등 유관기관과의 협업에서도 마찬가지다. 겸손한 태도로 대화를 나누고 서로 돕는 관계를 만들어가는 것이 중요하다.

5. 메모는 기본

업무의 작은 디테일은 금세 잊히기 쉽다. 그래서 나는 메모를 습관화했다. 이메일, 메신저를 통해 기록을 남기고, 개인 노트에 업무 처리 과정을 상세히 적어둔다. A 케이스에서 어떤 프로세스를 거쳤는지, B 상황에서는 어떻게 해결했는지를 적어두면 다음에 같은 일이 생겼을 때 큰 도움이 된다. 나만의 업무 매뉴얼을 만드는 것도 추천한다.

6. 실전에서 배운다

예를 들어, 펀드 결산 프로세스를 책으로 읽는 것보다 직접 해보는 것이 훨씬 효과적이다. 새로운 업무가 주어지면 두려움을 갖기보다는 '이 과정을 통해 더 성장할 기회'라고 생각한다. 경험이 쌓일수록 자신감도 함께 늘어난다.

7. 긍정적으로 생각하자

사람이 하는 일이니 실수는 피할 수 없다. 하지만 실수했다고 자책하는 대신, 이를 통해 배울 점을 찾아야 한다. '실수에서 70을 배우고, 책에서 30을 배운다'는 말처럼, 실수는 성장의 중요한 밑거름이다.

8. 비교하지 말자

남과 나를 비교하는 순간, 내가 하는 일에서 흥미를 잃게 된다. 다른 사람과 나를 비교하기보다, 내가 맡은 일에 최선을 다하면서 꾸준히 걸어가다 보면 어느 순간 내가 많이 성장해 있음을 느낄 것이다.

9. 꼼꼼하고 차분해야 한다

숫자 업무를 다루는 직무에서는 꼼꼼함과 차분함이 필수다. 엑셀 수식 하나라도 다시 한번 확인하고, 모든 과정이 정확히 맞물려 있는지 점검한다. 작은 실수 하나가 큰 문제로 이어질 수 있기 때문이다.

10. 원칙을 지키자

펀드회계와 운용지원은 정확성이 요구되는 업무다. 업무 처리 시, 유연함보다는 원칙을 지키는 것이 중요하다. 법에 명시된 내용을 준수하고, 명확한 기준이 없는 경우 최대한 보수적으로 판단하는 것이 나중에 생길 수 있는 문제를 예방하는 길이다.

이 모든 자세들은 결국 나 자신을 위한 것이다. 실수를 줄이고, 조금 더 효율적으로 일하며, 업무를 즐길 수 있다면 하루하루가 조금 더 만족스럽고 보람차게 느껴질 것이다.

펀드회계 업무를 맡고 일하시는 여러분,

매일 수많은 숫자와 데이터를 다루며 꼼꼼히 확인하고, 실수 하나 없이 업무를 처리하기 위해 애쓰는 그 노력이 얼마나 중요한지 잘 알고 있습니다. 여러분의 손끝에서 만들어지는 정확한 기록들이 펀드의 안정성과 투자자 신뢰를 유지하는 가장 큰 힘이 됩니다.

물론 가끔은 그 디테일의 무게가 버거울 때도 있을 것입니다. 반복되는 일상 속에서 지치거나, 작은 실수에도 자책하게 되는 날도 있겠지요. 하지만 그 작은 노력 하나하나가 펀드라는 큰 시스템을 굴리고 있으며, 수많은 투자자들의 신뢰와 미래를 지탱하고 있다는 것을 기억했으면 합니다.

펀드회계는 단순히 숫자를 다루는 일이 아니라 신뢰와 정확성을 기반으로 한 금융의 근본을 만들어가는 중요한 작업입니다. 여러분이 하는 일은 단순한 업무를 넘어, 금융시장의 투명성과 안정성을 만들어가는 기둥과도 같습니다.

가끔은 스스로에게 잘하고 있다는 격려를 아끼지 않기를 바랍니다. 여러분은 금융에서 중요한 역할을 하고 있는 전문가들입니다. 오늘도, 내일도 차근차근 걸어가다 보면, 여러분의 노력은 더 큰 성과와 보람으로 돌아올 것입니다.

늘 응원합니다.

자산운용사 펀드회계 실무가이드

발행일 2025년 3월 17일

지은이 최영
펴낸이 주계수 | **편집책임** 이슬기 | **꾸민이** 공민지

펴낸곳 밥북 | **출판등록** 제 2014-000085 호
주소 서울시 마포구 양화로 156 LG팰리스빌딩 917호
전화 02-6925-0370 | **팩스** 02-6925-0380
홈페이지 www.bobbook.co.kr | **이메일** bobbook@hanmail.net

© 최영 2025.
ISBN 979-11-7223-066-1 (13320)